国际教育测评丛书
丛书主编/张民选

重塑自信：PISA视域下职校生素养的国际比较与测量

徐瑾劼　著

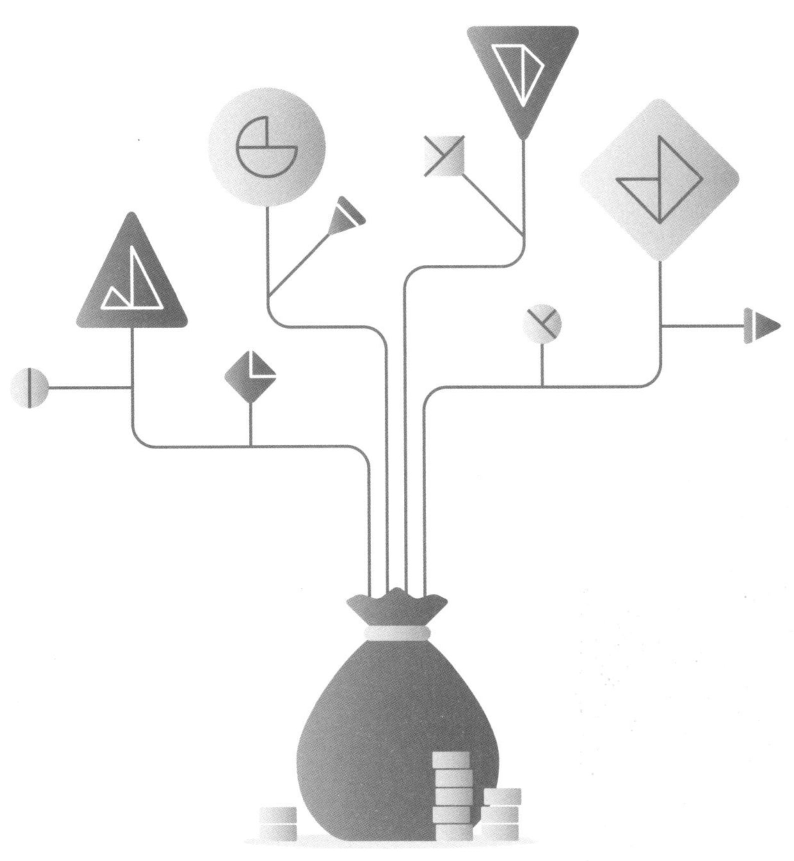

上海教育出版社
SHANGHAI EDUCATIONAL
PUBLISHING HOUSE

丛书总序

比较教育：从游记轶事到国际测评

有人说，比较教育“有着悠长的过去，却只有简短的历史”。

这是因为，从法国学者兼政治家朱利安(Marc-Antoine Julian，1775－1848)1817年发表《比较教育的研究计划与初步意见》、首次提出“比较教育”的学科概念至今刚过200多年，而人类又偏偏有着强烈的好奇心，并且总是希望在他人别国的教育经验中发现最佳教育制度与方法。至少从公元前500多年前起，人们就通过各种形式记录下异域他乡的教育现象，并将这些记载保存和流传下来。孔子曾率众弟子周游列国、游学交流，传授“齐家、治国、平天下”之道，古希腊则有学者兼军事家色诺芬(Xenophon，公元前430－前355)认真比较斯巴达与雅典教育的异同，又在其《波斯王塞勒斯传》中赞颂波斯的公共教育与训练。随后千百年，古罗马有西塞罗(Cicero，公元前106－前43)描述古希腊与古罗马的教育异同，中国有唐玄奘(602－664)“西天取经”，写下《大唐西域记》，记载异域人文宗教，叙述印度的教育制度、课程与教师。还有意大利旅行家马可·波罗，游历东方、供职元朝，以《马可·波罗游记》记载下丰富的趣闻轶事，向西方介绍灿烂的东方教育文化。

然而，闲闻游记和传记轶事难以满足欧洲新兴的资本主义国家建设近现代教育制度的需要。朱利安的奠基之作虽然提出了众多研究、交流和改革建议，也不能满足政治家和教育家们提出立竿见影、迅速建立新体制的要求。于是，各国交流比较、学习借鉴的任务就得靠各国教育行政官员的出国考察和调查报告来完成。法国人库森(Victor Cousin，1792－1867)的《德意志各邦，特别是普鲁士公共教育状况的报告》和美国麻省首任教育厅长贺拉斯·曼(Horace Mann，1796－1859)的《第七年年报》就成了19世纪最引人注目的比较教育文献。

从20世纪初至第二次世界大战结束，越发便捷的交通运输逐步将世界各国连接在一起，国家间的争议协商、学者间的交流合作、商贾间的贸易交往也愈加频繁。比较教育也逐渐在欧美学术界赢得了一席之地，正式成为教育学科中的一个独立分支。以康德尔(Issac L. Kandel, 1881 - 1965)、施奈德(Friedrich Schneider, 1881 - 1974)和汉斯(Nicholas Hans, 1888 - 1969)等为代表的比较教育学者们并不满足对别国教育制度的描述,他们试图用各种方法去分析别国教育发展的来龙去脉,诠释各国教育制度的存在原因,从而为各国国家教育发展提供借鉴。历史学方法、因素分析方法成为此阶段引领比较教育发展的主要方法。

二战以后,人类教育理念的更新、各国教育制度的重建和社会科学的蓬勃发展,一方面为比较教育学者提供了前所未有的广阔天地,另一方面又推动了比较教育研究方法的科学演进。贝雷迪(George Bereday, 1920 - 1983)提出描述、解释、并置和比较的四阶段比较教育研究工作模式;一些学者倡导对教育开展社会学、人种志和文化背景研究;诺亚(H. J. Noah)和埃克斯坦(M. A. Eckstin)则提出,应采用现代科学研究的一般程序来研究比较各国的教育问题,数据收集和统计分析成为比较教育研究迈向科学的关键。

但在当时,要获取各国的教育统计数据也非易事。一方面,许多发展中国家和一些发达国家的教育统计能力还普遍不足,难以对各国教育状况做出及时准确的数据统计;另一方面,一些国家也鉴于教育数据的敏感性,不愿意将数据拿出来让各国研究分享。为解决这一问题,国际教育局(IBE)和联合国教科文组织从 20 世纪 50 年代起开始组织出版《世界教育调查》(1955 - 1971,共五卷)等国际教育统计资料,直到 1992 年才开始出版连续性的《世界教育报告》。1999 年联合国教科文组织终于成立了统计研究所(UNESCO Institute of Statistics, UIS),由它负责建议和改进各国教育统计方法、设立统一的教育统计指标体系,力求使联合国教科文组织的教育统计报告不仅可以向各国提供全球教育发展的准确数据,而且能够依据统计数据为各国提供教育决策的依据,为世界教育提供关注重点和发展趋势。许多全球教育统计的概念和指标,如各学段的“毛入学率”“师生比”“教育财政开支占 GDP/GNP 的百分比”等,也都由此发展起来。

然而,全球的教育统计数据主要来自各国政府的自主申报,而各国的各届政府在提供教育数据时,仍然会出现口径不一致、前后不连贯、关注点不同、数据陈旧等问题,统计数据还容易受到其他因素的干扰和影响。另外,各国教育统计数据往往比较容易反映各级各类教育的发展规模,但难以揭示各级各类教育的质量水平,更难以揭示造成各国教育质量差异背后的复杂原因。这些国际教育统计数据的弱点就给国际教育成就测评的发展带来了巨大的发展空间,直接催生了国际教育成就评价协会(IEA)的建立和国际教育成就测评的出现。

1962 年，国际教育成就评价协会(IEA)率先尝试发布了《12 个国家 13 岁儿童的教育成就：一项国际研究的结果》，开创了通过国际测试比较各国教育成就的先河。之后，IEA 连续组织了 1964 年的"第一次国际数学研究"(FIMS)、"六个学科领域研究"(1970－1971)、"第二次国际数学研究和第二次国际科学研究"(1981－1984)和"国际数学和科学教育趋势研究"(TIMSS，1995)，等等。IEA 的开创性工作至少表明，"教育成就的跨国比较是能够进行的，而且能够得到可比的结果"[①]。然而，IEA 的国际教育测评的规模还十分有限，参加国家最多的项目也仅覆盖 21 个国家和地区，而且基本局限在欧美发达资本主义国家。

在冷战结束、21 世纪来临的时候，一些发达国家的专家已经发现，尽管它们早已实现了义务教育的普及，但教育质量却没有明显提升，教育公平的目标也未随之实现；而另一些国家的教育部长还误以为"自己国家的学校体制是世界上最优秀的"。经济合作与发展组织(OECD)教育与技能司司长施莱歇尔则批评说，这种井底之蛙的说法仅仅是由于"这是他们最了解的体制"[②]。同时，21 世纪面对的知识经济和信息技术的挑战，更要求各国政府实施教育系统的重大变革。在全球范围中比较参照，深刻认识本国学生的学习状况和教育问题，寻找发现各国"最佳实践案例"，就成了众多国家和教育专家推进教育改革的基本前提和重要选项。而冷战的结束和东西方藩篱的拆除，则使大型国际教育测评真正有可能成为世界各国参与，并在此基础上进行跨国分析比较的方法与工具。

2000 年，OECD 研发开展了"国际学生评估项目"(PISA)，44 个国家和地区参与了第一轮测试。PISA 测评既不是基于课程内容的学业成绩考试，也不是简单地测试学生的智力高低，而是力图测评学生在接受义务教育后，是否具有面对未来社会挑战的"素养"，也就是说，力图考察 15 岁学生通过学习形成的解决真实世界问题的能力。PISA 崭新的评估理念和测评方法得到了越来越多国家和地区的认同，参与的国家和地区持续增加。到 2015 年，已经有超过占全球 GDP 总量 90%的 72 个国家和地区的 70 万名学生参与到这一大规模国际教育测评项目中来。

2008 年，OECD 又推出了"教师教学国际调查"(TALIS)项目，全面深入地调查各国家和地区教师的工作条件、学校学习环境和教师专业发展状况。TALIS 通过问卷调查，收集和分析可靠、及时和可比的数据信息，希望帮助不同国家和地区通过以数据为基础的国际比较和分析反思，制定高质量的教育政策，以构建高质

---

① 王承绪. 比较教育史.［M］北京：人民教育出版社.1999.

② Schleicher, Andreas. *World class: How to build a 21st-century school system*.［M］Paris：OECD.2018，20.

量、专业化的教师队伍，因为 PISA 和 TALIS 测试调研表明，教师是除了家庭以外，对学生学业成绩和成长发展影响最大的单一因素。

大规模的国际教育测评与调查研究项目大大拓展了比较教育研究的既有范式和方法，使比较教育从游记轶事、制度描述和历史因素分析，再到社会科学数据统计，发展到通过组织国际教育测评比较分析各国教育质量和问题的新境界。这些国际教育测评项目以实证研究为基础，结合跨国的学习成就测试和师生问卷调查，借助数理统计、数据分析等多种方法，不仅获得了各国各地区可比的教育成就数据，能够回答“是什么(what)”、处于“什么水平(at what level)”的问题，揭示一个国家或地区教育质量在世界版图中的高低现状；而且还能深入发掘造成教育成就高低背后的各种关键影响因素，多维度地解答“为什么(why)”和“怎么会(how)”的问题。正因如此，这些大规模国际教育测评能够为各国政府推进教育改革、制定教育政策提供数据证据、案例经验和启示建议。这种循证、测量的比较方法，为比较教育研究的发展带来了新的活力。伴随这些国际测评项目的持续推进，相关的教育测量和评估技术也得到迅速发展和完善，其中包括大规模教育研究的抽样理论、试题难度和学生能力的估计理论等，有力地推动了教育评价监测的发展，甚至推动了教育科学，特别是教育实证研究的发展。这正是我们筹划和组织出版“国际教育测评丛书”的初衷。

当然，我们也充分意识到，教育研究的实证测量浪潮并不是对其他教育研究及教育研究方法的摒弃和替代。教育研究仍然需要立足于各国教育实践的大地，需要运用多种方法，不同维度地深入观察和研究学习过程、学生发展和教学过程；教育研究仍然需要植根于对各国教育发展的历史分析和哲学思考的沃土之中。只是，对于今天的比较教育研究者和各分支学科的教育研究者而言，教育统计测量、数据处理、评价解释、信息技术等方面的专业知识和运用能力应该成为其专业的基本知识和能力。

上海作为中国教育改革开放的前沿，40 年来一直秉持先行先试的发展战略。2009 年我们第一次组织参加了由经济合作与发展组织研发实施的“国际学生评估项目”(PISA 2009)，以后又参加了 PISA 2012。2013 年，上海又参加了 OECD 研发的“教师教学国际调查”(TALIS)，2015 年我们还参加了由世界银行组织的“提升教育成就系统研究”项目(SABER)。在这几项大型国际教育测评比较研究中，上海的学生、教师和教育行政部门都显示出特有的优势，引起了各国政府和教育界的关注，上海基础教育因此走入国际教育平台的核心圈。与此同时，相关的研究结果和国际比较也对我们认识上海教育的弱点、问题和盲点，对上海教育乃至中国教育的发展，产生了深远的影响。

十几年来，在 PISA 和 TALIS 等国际比较教育研究的实践和研究过程中，大批国内比较教育研究学者紧跟上述世界教育发展步伐，通过深入参与国际比较教育研究项目，不仅学到了相关项目的组织策略和技术方法，还通过对研究数据的分析进行了大量教育实证研究。这也使得我国的教育测评研究、设计水平和教育实证研究得到了迅速提升。本套丛书正是基于这样的研究背景而出现的。这些研究成果不仅能帮助我们更加清楚地认识各国教育发展的特征，还能使我们将中国教育置身于国际化的平台上进行重新认识，了解我们的优势和不足，提供可能的借鉴和学习的经验。

我们还注意到，国际教育测评本身也处在迅速发展的过程之中。以 PISA 为例，从测评内容方面来看，国际教育测评不仅测试学生阅读、数学和科学等学科的素养、知识与能力，而且试图测评 21 世纪信息技术、全球治理、协作分享和创新素养等新兴领域的学生素养。PISA 在 2012 年第一次引入“以计算机为基础的创造性问题解决测评”，2015 年又增设了“合作解决问题测评”，2018 年开展了“全球胜任力”测评，2021 年 PISA 还将尝试进行“创造力测评”。与数学、阅读和科学学科领域的测试相比，对这些 21 世纪核心素养的测试显然更具挑战，更需要集中各国教育专家的智慧。从测评技术上来看，PISA 已经从最初的纸笔测试转变为今天的计算机测试，未来还可能采用自适应测试，甚至将人工智能技术运用于测试中。

近年来，大规模国际教育测评项目不仅在持续改进和发展测试技术，而且还同步改进着评价和调查的方法，各国专家力图用最新信息交流技术提高教育调查、测评的客观性和真实性。以“教师教学国际调查”（TALIS）为例，TALIS 最初是通过问卷来进行教师调查的，为了增强其研究的客观性，TALIS 分别对教师与校长作问卷调查，以期了解和揭示教师和校长对于同样问题的不同感受。然而，仅仅用双维的调查还不足以解决众多的客观性问题。2018 年，TALIS 项目引入了教师课堂教学视频研究（Video Study）。通过教师前后问卷、学生测试加教师课堂录像分析的精致研究设计，TALIS 视频研究力图以先进的现代信息技术手段，发现各国数学教师的教学真实成效，从而弥补原自陈式调查了解实际教学行为方面的不足。

与 PISA 和 TALIS 不同的是，世界银行的 SABER 则系统开辟了新的教育政策文献研究实证化道路。它独特的文献统计研究策略，根据对各国教育政策文献的语词记录、分析和比较，将各国教育具体领域的政策评为从低到高的“潜在（latent）”“出现（emerging）”“巩固（established）”和“先进（advanced）”4 个水平。然后，再以“三角聚焦”的要求，结合实地观察、访谈、问卷以及相关国际测评成绩的相关分析，最终形成对一个国家教育发展、教育政策及其结果的分析判断。我们相信，科学的进步总是随着科学研究方法的发展而发展的。通过不断参与与合作，追踪和研究全球最新研究方法的进展，我们才能更进一步推动我国比较教育、教育测评和教育研究的进步。这也是我们推出此套丛书的初衷之一。

推出"国际教育测评丛书"的另一缘由，是为比较教育研究学者，特别是为研究国际教育测评的学者，搭建学术平台、提供交流机会、汇集研究成果。在此，我们要特别感谢上海市教育委员会和上海教育出版社给予我们的全力支持！没有这些支持，长期的研究难以为继，付梓出版更无可能。本套丛书首批三部著作的作者都是上海 PISA 测试的最早参与者，他们已经在这个领域探索耕耘了十余年，他们为比较教育新方向的形成、教育测评技术的引进发展、我国教育实证研究的发展作出了贡献！朱小虎博士研究了 PISA 如何检测各国培养学生"问题解决能力"这个崭新的课题。陆璟教授用独特的方法研究了一个精细而有趣的问题：她运用的是"日志研究"方法——即通过对学生在 PISA 测试中使用计算机过程（学生思维痕迹）的记录，来研究和揭示学生的思维过程与风格，比较各国教育教学对学生思维过程、路径和风格的影响。徐瑾劼博士则研究了各国参与 PISA 测试的职业学校学生的学习状况与成就，通过将测试结果与问卷调查数据的分析比较，解释上海和各国职业教育的各自优势、存在问题和最佳案例。我们相信，更多的来自 PISA、TALIS、SABER、TIMSS、PIRLS 和 PIAAC 等国际教育测评的研究成果，以及对这些国际教育测评的元研究、元评价结果将会陆续问世。

展望未来，随着信息技术、人工智能的迅速发展，教育必将产生更加深远的变革。联合国教科文组织《教育 2030 行动框架》特别指出了监测、追踪和评价对于各国和全球教育目标实现的重要性，指出监测教育质量要采取多维度的方式，覆盖系统设计、资源投入、新兴技术运用、测评内容、过程和结果等方面。为了促进教育过程和结果的可比性，这些监测需要从理念、内容、方法和技术上形成全球共识，并为所有人共享，从而推进区域性和全球性的研究、促进全人类教育的发展。

对教育研究者，尤其是比较教育研究者而言，这既是前所未有的挑战，也是学科发展的巨大机遇。

上海师范大学国际与比较教育研究院

目　录

1. 绪　论

1997年，为了满足国际社会对学生学业成绩进行跨国比较研究的需要，经济合作与发展组织（下文简称OECD）启动了国际学生评估项目（下文简称PISA）。PISA旨在国际普遍接受的测量框架内，通过学业成绩、学校运作状况来监督教育体系的结果。PISA的主要目的并不在于对各国（地区）15岁学生的学业成绩进行排名，而在于运用一种反映成年人在工作、生活所需技能的创新模式，为政策制定、对话和执行教育目标的国家间合作提供新的基础。PISA的测试对象为年龄在15岁的学生，不论他们的年级、就读学校的类型，所受的教育类型（职业或非职）以及他们接受的是全日制还是非全日制教育。由于各国教育体系结构的差异，普职分轨和第一次分流年龄定位的不同，如有些国家奉行早分流早定向，如德国（10岁）、荷兰（13岁）；有些国家则奉行晚分流晚定向，如美国（18岁）、加拿大（18岁），致使PISA测试无法完全涵盖OECD国家及伙伴国中的职校生群体。比如，在荷兰，学生在小学毕业后（12岁以后）就开始普职分轨，因此在该国的PISA测试中，职校生的比例占总体样本量的89%。而在美国和加拿大，学生要在18岁以后才开始第一次分流，并且这两个国家奉行的是普职渗透的职教发展战略。因此，PISA测试中就没有这两个国家的职校生数据。本报告根据PISA 2009学生问卷中有关“课程计划”的问题（ST02），把职校生或选择职业教育课程/项目的学生群体单独抽选出来，对职校生的学业成绩及所在职校的自主性、资源配置状况进行国际比较。考虑到各国（地区）职业教育体系的结构和特征，与中国上海的可比性和借鉴性以及PISA数据的可行性，本报告从OECD成员国及合作国中挑选出了一些具有代表性的国家（地区）的职校生作为数据样本，包括中国上海，通过分析、比较各国学生成绩、学校管理、资源使用状况、学校风气等指数来综合反映目前上海职校生及职业学校所具备的优势及面临的挑战。

1.1 研究缘起：上海职校生在PISA测试中的“惊艳”表现

PISA旨在国际普遍接受的测量框架内，通过学生学业成绩、学校运作状况来监测各国教育体系质量。PISA测试的对象是按照科学概率进行抽样后，测评时年龄在15岁3个月到16岁2个月之间的学生，无论其所在年级、就读学校和所受教育类型(学术或职业)。2009年中国首次参加国际性标准考试“国际学生评估项目”(PISA)的上海学生就在阅读、数学和科学素养这三个主测试域中一举夺魁，全世界为之哗然。“成绩第一”的原因不仅是因为高端表现的学生比例(达到5、6级水平)远高于其他国家(地区)，另一个重要因素是成绩处于低端的学生比例(低于2级水平)也显著低于其他国家(地区)。

结合样本和数据结果分析后发现，实际上处于低端的上海学生群体的平均成绩也达到甚至超过了经合组织(OECD)的平均水平。这一群体对于上海的卓越表现功不可没。令人惊讶的是这些成绩处于“低端”的学生很大部分来自职业学校。也就是说，在国内职校生往往被认为是学业不良的“问题学生”，但实际上他们的成绩并不差，甚至还优于OECD总体水平。

1.1.1 上海职校生在PISA 2009的卓越表现

1.1.1.1 职校生的阅读素养

根据PISA 2009数据结果，上海职校生的阅读平均成绩为500分。该成绩比OECD平均水平(包括职校生与非职校生)高出了7分。这说明，尽管在上海，人们普遍认为职校生的生源不理想、文化水平不高，但与OECD总体相比，仍然还是处于上游的位置。具体看，在所挑选出来进行比较的其他11个国家(地区)的职校生中，上海职校生的阅读平均成绩排名第三，比荷兰低25分，比日本低9分。老牌职业教育强国，如德国、奥地利、卢森堡，他们的职校生阅读平均成绩都没有上海高。这说明，尽管这些国家的职业教育体系非常成熟，但他们的生源质量未必有我们的好。除此之外，可以看出整个东亚地区，除中国上海和日本之外，其他国家(地区)的职校生阅读成绩都低于OECD总体水平并且落后于其他欧美国家的职校生成绩。

为了更为细致地描述学生的阅读素养，说明达到某个分数的学生能够做什么，PISA依据学生的能力和试题的难度依次划分出了对应的7个精熟度水平。其中需要特别说明的是2级水平。OECD将阅读精熟度2级水平定义为满足未来工

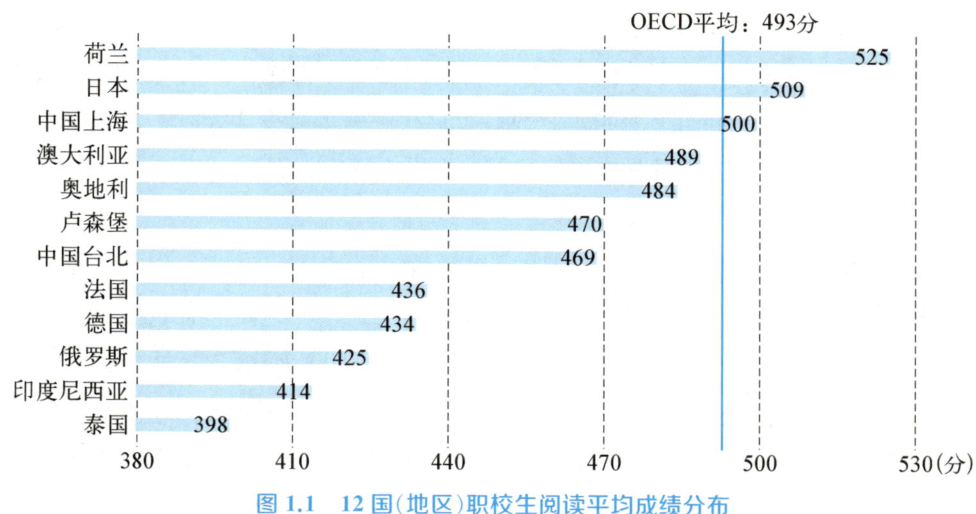

图 1.1　12 国(地区)职校生阅读平均成绩分布

作、生活最基本要求的水平层级。OECD 对以往参加过 PISA 测试的学生进行了长期的追踪调查,发现阅读水平在 2 级以下的学生在未来会面临更大的升学困难及非充分就业的风险。图 1.2 是 12 个国家(地区)的阅读素养量表精熟度水平分布。

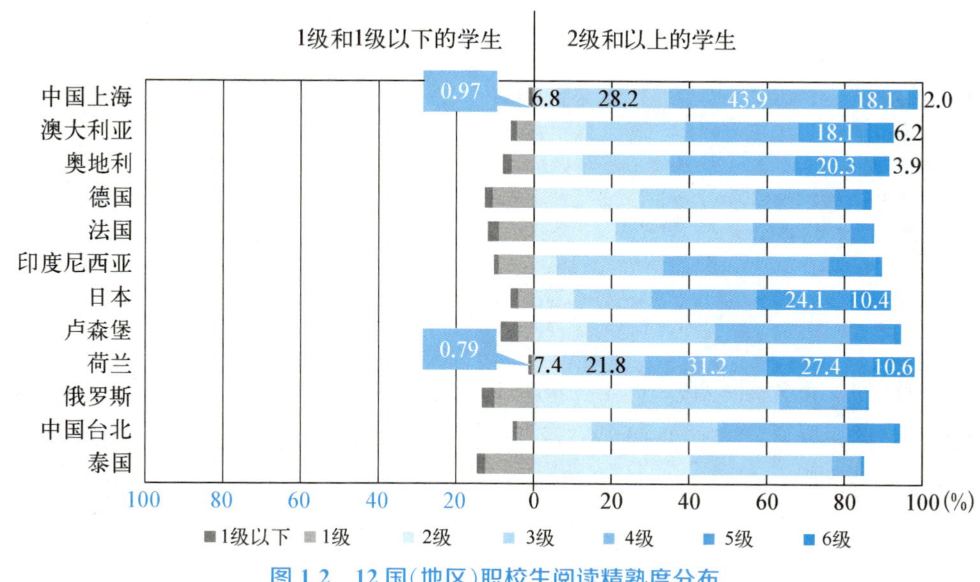

图 1.2　12 国(地区)职校生阅读精熟度分布

如图可知,与其他国家(地区)相比,上海职校生中阅读精熟度水平低于 2 级(包括 1 级和 1 级以下的学生)的比例为 0.97%,比荷兰(0.79%)高了 0.18%,位居第二。上海大部分职校生集中在 3 级和 4 级水平,比例分别为 28.2%和 43.9%。从高端水平看，上海职校生具有 6 级水平的比例低于澳大利亚、奥地利、日本和荷兰。从阅读精熟度水平分布看，荷兰的职校生表现较为优秀，2 级以下的比例只有 0.79%，6 级水平的学生占 10.6%。因此，上海的职业教育应该在进一步减少 2 级以下水平学生比例的同时关注高端水平，提升具有 6 级或以上水平的学生比例。

1.1.1.2　职校生的数学素养

根据 PISA 2009 数据结果，上海职校生的数学平均成绩为 518 分。该成绩比 OECD 平均水平（包括职校生与非职校生）高出了 22 分。尽管上海职校生普遍反映数学最难学，不爱学数学，但他们的数学成绩和 OECD 平均（包括职校生与非职校生）比仍然具有优势。从所挑选的 12 个国家（地区）的职校生数学成绩看，国家间差距较大：成绩最高的国家（荷兰，545 分）与成绩最低的国家（印度尼西亚，381 分）的差距为 164 分。上海职校生数学平均成绩位列第三，低于荷兰和日本。

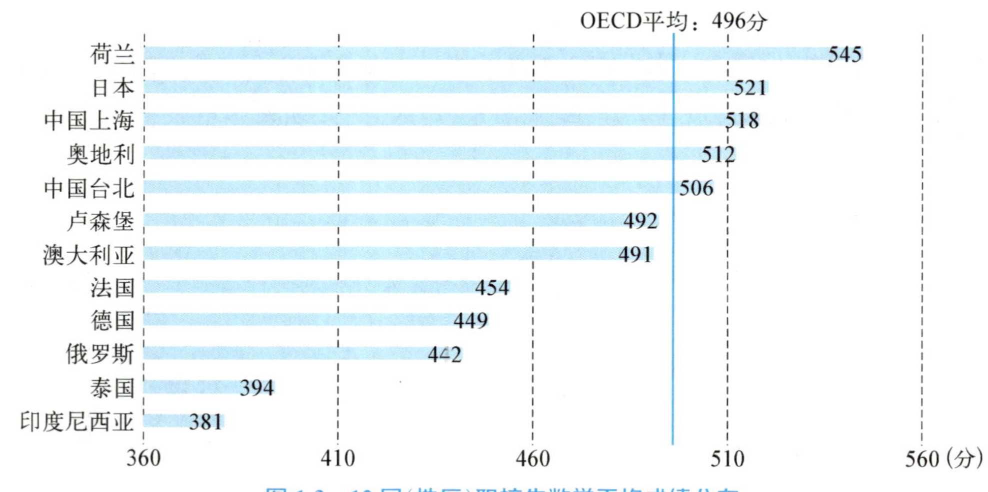

图 1.3　12 国（地区）职校生数学平均成绩分布

同样为了更为细致地分析学生的具体数学能力表现，PISA 2009 数学量表被分为 6 个精熟度水平。从低端水平看（即低于 2 级水平的学生比例），上海职校生的比例为 10.6%，位居所选 12 国家（地区）中的第二位，第一位是荷兰（低于 2 级水平的职校生比例为 6.1%）。从高端水平看（即 5、6 级水平的学生比例），上海职校生的表现比不上澳大利亚、日本和荷兰。上述三个国家数学精熟度超过 5 级水平的职校生比例分别为 24.3%、18.3%和 23.2%。上海的该项比例为 13.3%。可见，上海职业教育需要在进一步减少 2 级水平学生比例的同时多关注职校生高端水平的表现，提升 5、6 级水平的学生比例。

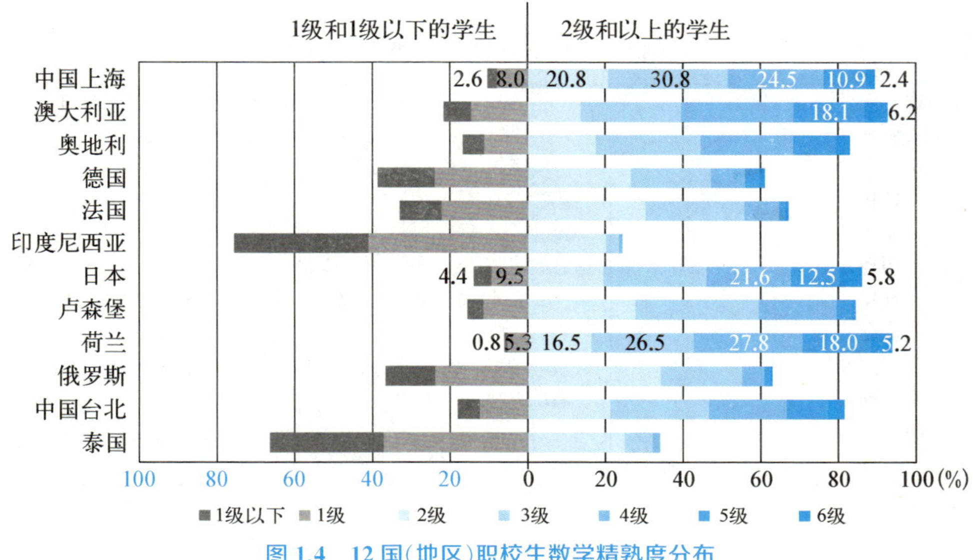

图 1.4　12 国(地区)职校生数学精熟度分布

1.1.1.3　职校生的科学素养

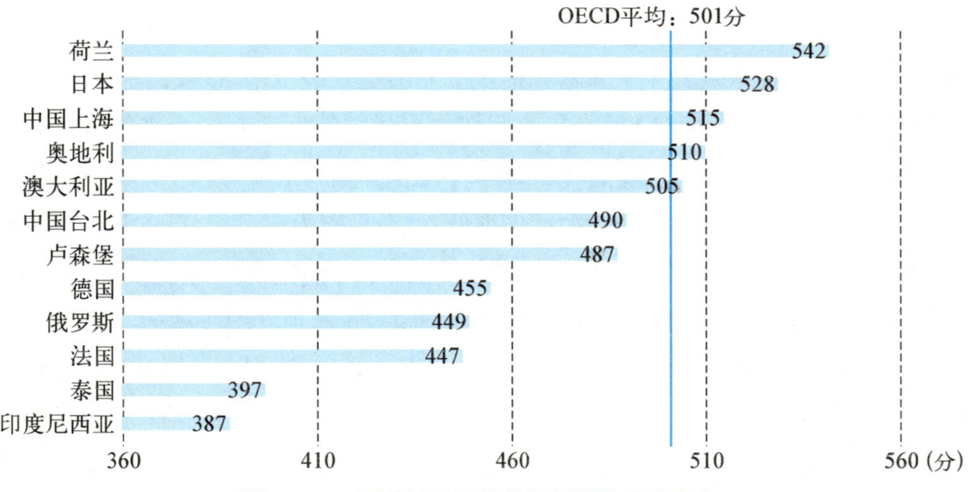

图 1.5　12 国(地区)职校生科学平均成绩分布

根据 PISA 2009 数据结果,上海职校生的科学平均成绩为 515 分。该成绩比 OECD 平均水平(包括职校生与非职校生)高出了 14 分。在上海,理科也是职校生普遍反映很难学、不爱学的综合科目之一(物理、化学等),但与 OECD 平均水平比我们职校生的表现并不差。从排名上看,落后于荷兰(542)、日本(528),位居所选 12 国(地区)的第三位。与荷兰的分数差距为 27 分,与邻国日本的分数差距为 13 分。

同样为了更为细致地分析学生的具体科学能力表现,PISA 2009 科学量表被

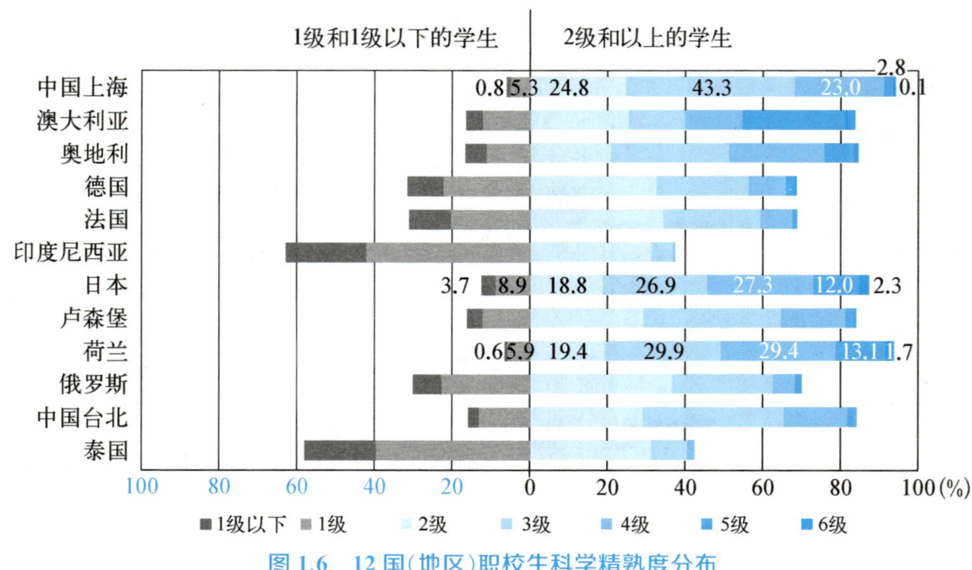

图 1.6 12 国(地区)职校生科学精熟度分布

分为 6 个精熟度水平。从低端水平看，上海职校生低于 2 级水平的学生比例为 6.1%，是 12 个所选国家(地区)中最低的。从高端水平看(即 5、6 级水平的学生比例)，上海职校生的表现比不上日本和荷兰。尤其是 6 级水平，该项比例几乎为 0。5 级水平的学生比例只有 2.8%。日本职校生科学精熟度 5、6 级水平的比例分别为 12.0%和 2.3%；荷兰职校生的 5、6 级水平比例分别为 13.1%和 1.7%。可见，尽管上海职校生 2 级以下水平的学生比例很低，但在高端表现上，与日本和荷兰的差距仍然较大。因此，上海职业教育需要切实提升 5、6 级水平的学生比例。

虽然在 PISA 2009 中取得了不错的成绩，但也应该看到，我国职校生素养水平与其他发达国家，特别是荷兰、日本的差距。首先，从阅读、数学和科学素养的总体水平看，荷兰职校生这三项成绩最高；其次，从三项素养的精熟度分布看，荷兰和日本职校生 5 级和 6 级的比例也比上海高；再次，从职校与非职校生的差距看，日本职校生与非职校生的差距最小。日本职校生与非职校生在阅读成绩上的差异为 20 分，而上海职校生与非职校生在阅读成绩上的差距为 72 分；在数学成绩方面，日本职校生与非职校生的差距为 15 分，而上海职校生与非职校生的差距达到了 104 分！

通过国际比较，我们树立起了对自己国家的职校生的信心，同时也看到了差距：上海职校生的平均成绩较高，但 5 级、6 级的所占比例较小，并且与非职校生的差异较大；日本职校生不仅平均成绩高，5、6 级精熟度比例也较高，并且与非职校生的差距不大；荷兰的问题也是职校与非职校生在成绩上的差距较大。

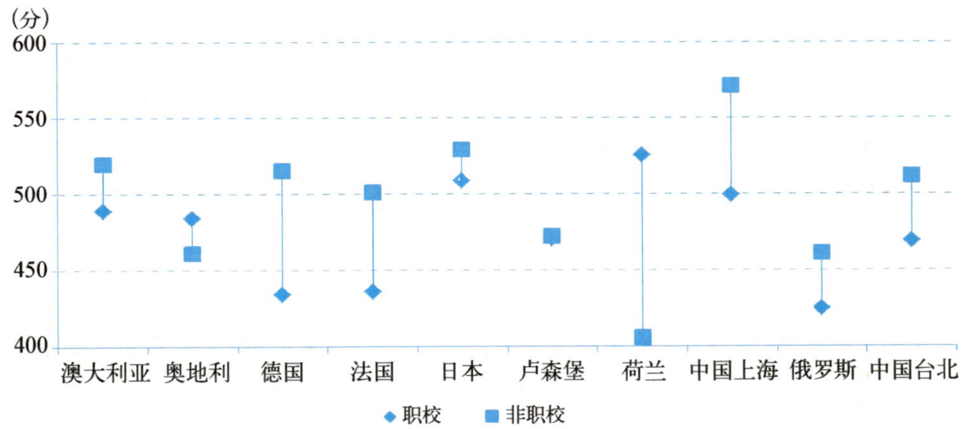

图 1.7 职校生与非职校生阅读成绩的差异比较

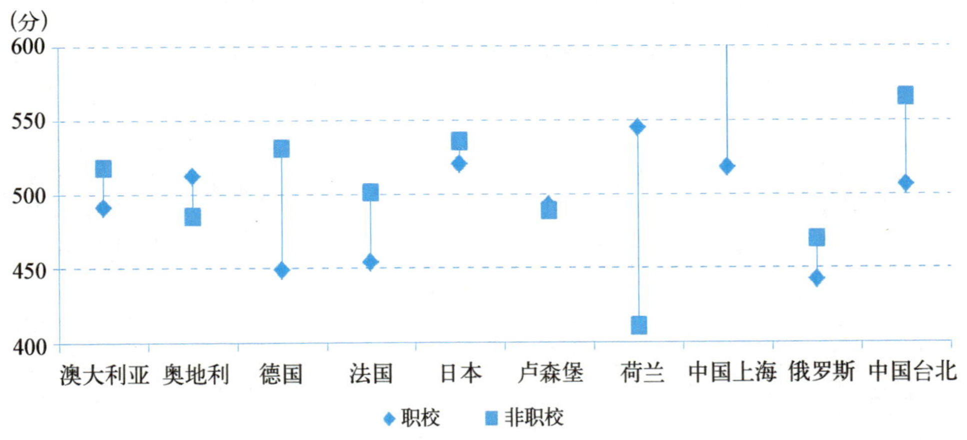

图 1.8 职校生与非职校生数学成绩的差异比较

上海职校生“惊艳”的表现可谓是 PISA 测试带给我们的意外之喜。PISA 测试不仅反映了这一结果，可供我们对不同国家职校生的素养水平进行比较，与此同时 PISA 的问卷(包括学生和学校)还为解读、分析这一结果提供了详细的信息支持。但国内的学者却很少充分利用 PISA 数据对这一方面进行专项的研究。

1.1.2 上海职校生在 PISA 2012 的卓越表现

2013 年 12 月 3 日，经济合作与发展组织(OECD)与 65 个参与国家和地区同时公布了 PISA 2012 的测评成绩，上海继 2009 年后再次获得数学、阅读和科学三大领域的第一名，平均成绩分别为 613 分、570 分和 580 分，远高于经合组织成员国的平均成绩(分别为 494 分、496 分和 501 分)。然而,在上海参加 PISA 测试的学生群体中还有一定数量的中职学生。他们的成绩又如何呢?职校生是上海制造业和第三产业发展的主要生力军。产业升级、结构的优化都需要配备大批高素质的技术工人。PISA 测试不仅能帮助我们对职校生素养水平进行国际比较,同时还能监测职校资源配置、学校风气、学习环境等情况,从而为教育政策的制定提供实证的依据。

1.1.2.1　上海 PISA 2012 的学生样本

来自上海 155 所样本学校的 6 374 名学生代表全市约 9 万名 1996 年出生的中学生参加了测试,学校参与率为 100%,学生参与率为 98.56%,样本质量远远超过了 OECD PISA 技术标准的要求。上海各类学校参加测试的学生数与其占全市 15 岁在校生数的比例一致,具体如下表所示。根据 OECD 目前公布的国际数据库,由于剔除了参加财经素养和问题解决测试的学生(这两项成绩于 2014 年 3 月公布),**目前上海数据库中只计入了参加阅读、数学和科学测试的学生,该样本量为 5 177 人。**

表 1.1　上海市参加 PISA 2012 阅读、数学、科学测试的学校和学生数分布

学 校 类 型	参加测试学生人数(人)	学校数(所)	占参加测试学生比例(%)	占全市 15 岁在校生总数比例(%)
初中	1 930	60	37.3	37.2
完中	779	23	15.0	14.8
实验性示范性高中	723	21	14.0	13.8
一般普通高中	658	19	12.7	12.7
中等职业技术学校	1 087	32	21.0	21.5
总计	5 177	155	100.0	100.0

1.1.2.2　上海职校生的数学素养

上海职校生的数学平均成绩为 540 分,从成绩分布看,与 65 个国家(地区)所有参加 PISA 测试的 15 岁学生相比(包括职校生与非职校生),上海职校生的数学成绩排名第六位,排在中国澳门(538)、日本(536)之前,并且超过 OECD 平均水平 46 分。职校生数学成绩差异较小,标准差为 77 分,OECD 平均为 90 分。PISA 将学生的数学精熟度划分为 6 级,6 级水平最强,1 级水平最弱。如果学生得分仅为 357.8 分,则被归入 1 级以下。经合组织长期研究发现,若精熟度水平低于 2 级以下,则表示学生在未来的就业和继续升学方面会遭遇很大障碍,而达到 5、6 级水平

的学生则往往是未来高素质的劳动力。从上海职校生的表现看，**在精熟度 1 级及以下的学生比例仅为 6.7%**，比数学成绩排名第二的新加坡(8.3%)还低，OECD 平均为 23%。而从高端学生的比例看，职校生中达到精熟度 5、6 级的比例为 20.3%，高于 OECD 平均水平(12.6%)。尽管如此，上海职校生的数学成绩无论从 1 级及以下还是 5、6 级水平的比例看，均比芬兰学生(包括职校生与非职校生)高。

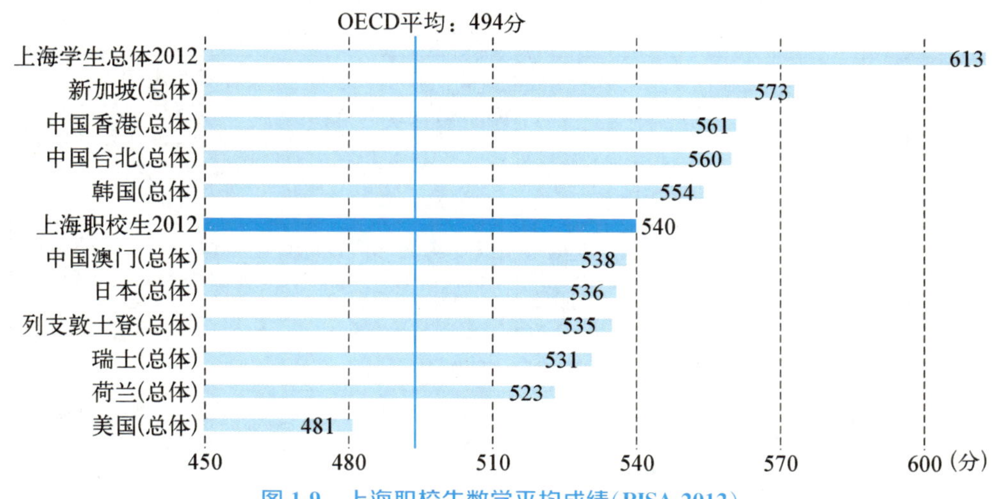

图 1.9　上海职校生数学平均成绩(PISA 2012)

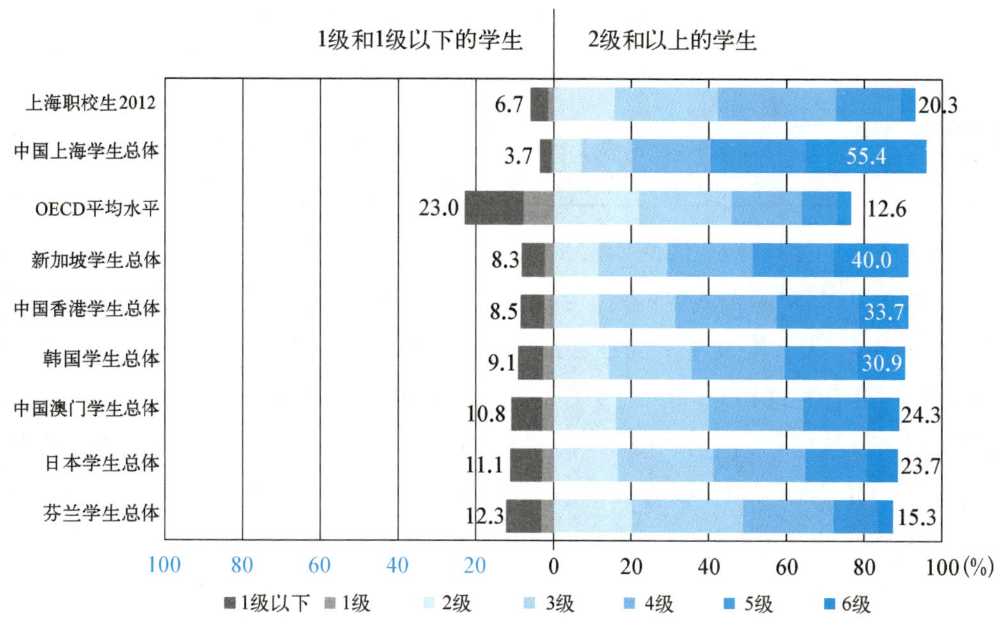

图 1.10　上海职校生数学精熟读分布(PISA 2012)

注：条形左侧的数字代表 1 级及以下的百分比，条形右侧的数字代表 5 级和 6 级水平的百分比。

表 1.2　PISA 数学精熟度水平分布说明

数学精熟度水平	学生一般能完成的内容
6 级	学生能基于对复杂问题情境的研究和建模，对所获得的信息进行概念化、概括并加以运用。他们能将不同的信息源和表征联系起来，并在其间自由转换。该水平的学生能进行高水平的数学思维和推理。他们能运用这种领悟力和理解力，以及所掌握的符号化和形式化的数学运算与关系，提出新的方法和策略来破解陌生情境中的问题。该水平的学生能准确地交流他们的做法并结合情境对自己的发现、观点和解释进行反思。
5 级	学生能在复杂的情境下建立并使用模型，识别限定条件并列出假设。他们能够选择、比较和评估适当的问题解决策略，来解决与这些模型相关的复杂问题。处于这一水平的学生能在策略上运用推理能力，合理运用各类表征、符号来进行问题特征的描述。他们会反思自己的做法，能组织并交流自己的解释和推理。
4 级	学生能在可能包含限定条件或要求进行假设的复杂具体情境下有效运用明确的模型。他们能选择和整合包括符号性的表征在内的不同的表征，直接将其与实际情况相联系。在这些情境中，该水平的学生能运用娴熟的技能，能进行灵活的推理，并且具有一定的洞察力。基于自己的理解、论证和做法，他们能形成并交流自己的解释和观点。
3 级	学生能执行清晰表述的行动步骤，包括那些要求连续决策的步骤。他们能选择和运用简单的问题解决策略。这个水平的学生能够理解和使用基于不同信息来源的表征，并能对其进行直接推理。他们能进行简短的交流，报告他们的解释、结果和推理。
2 级	学生在仅需要直接推断的情况下能够解释和识别条件情境。他们能从单一来源中提取相关的信息并利用单一的表征模式。这个水平的学生能运用基本算法、公式、步骤和惯例。他们能够进行直接推理，从字面上对结果进行解释。
1 级	学生能回答熟悉情境中包含所有相关信息且明确界定的问题。他们能够在明确的情境中根据直接指示找到信息并按常规程序行动。

1.1.2.3　上海职校生的阅读素养

PISA 2012 对阅读素养的定义与 PISA 2009 一致，是指为了实现个人发展目标，增长知识、发挥潜能并参与社会活动，而对书面文本的理解、运用、反思和参与。上海职校生的 PISA 2012 阅读平均成绩为 516 分，在所有参加 PISA 测试的 65 个国家(地区)中(包括职校生与非职校生)排名第 11 位。上海职校生的阅读成绩高于 OECD 平均(496 分)20 分，且职校生阅读成绩差异较小，标准差为 67 分，OECD 平均为 94 分。从精熟度分布看，1a 级及以下比例为 4.9%，比中国香港、新加坡的该项比例都低。但是上海职校生中达到 5 级精熟度水平的比例仅为 3.1%，六级水平的比例为 0。这说明与 OECD 平均比较，上海职校生阅读平均成绩较高，差生少，但是具备知识经济时代所需决策能力的学生比例远远不足。

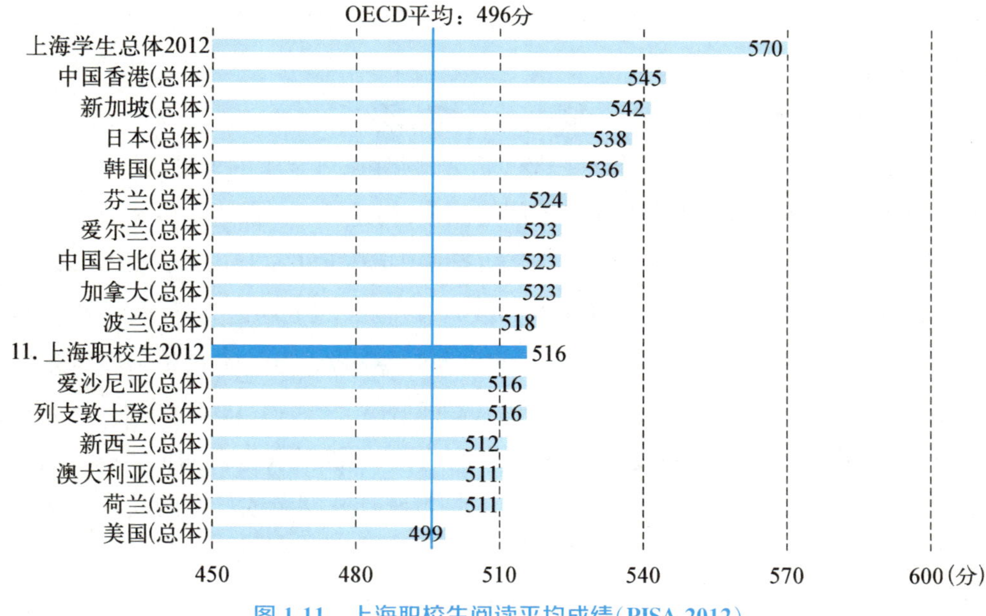

图 1.11　上海职校生阅读平均成绩(PISA 2012)

1.1.2.4　上海职校生的科学素养

上海职校生的科学平均成绩为 521 分，在参加 PISA 测试的 65 个国家(地区)

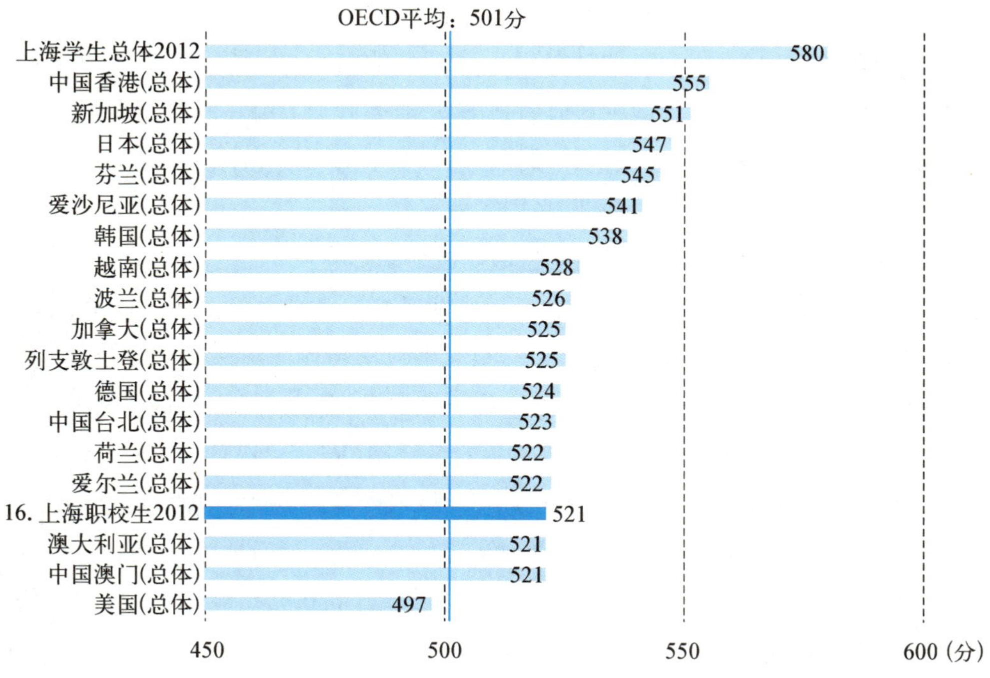

图 1.12　上海职校生科学平均成绩(PISA 2012)

中(包括职校生与非职校生)排名第 16 位,比 OECD 平均高出 20 分,与澳大利亚、中国澳门的成绩一样。

1.1.2.5 家庭社会经济背景对职校生成绩的影响

PISA 项目不仅对学生素养水平进行测量,同时还对学生的家庭、社会经济因素进行调查。PISA 测试根据对学生的问卷调查,构建了一个描述学生家庭社会经济背景状况的综合指数,即学生家庭社会经济地位指数 ESCS(Index of Economic, Social and Cultural Status,简称 ESCS 指数)。该指数的平均值为 0,标准差为 1。该指数是 PISA 研究影响学生学业成绩的重要影响因素,也是比较各国教育体系均衡程度的重要测量指标之一。PISA 的重要贡献在于将学生父母的职业、受教育水平和家庭财富状况等指标综合起来,得出该指数。该指数包含的信息有：父亲或母亲的职业地位(按具有最高职业地位的一方统计);父亲或母亲的受教育水平程度(按受最高教育水平的一方统计);家庭财产及拥有教育资源的状况,包括学习用的桌子、电脑、独立的学习空间、上网、图书数量及种类的拥有情况、DVD 等播放设备。家庭社会经济背景指数(ESCS)将帮助我们把学生个人和家庭层面的因素与学校制度层面的结构因素,甚至是国家教育体系层面的制度因素结合起来,进而分析学校教育在社会分层或社会阶层流动中所起到的作用。

1.1.2.6 职校生的家庭社会经济背景普遍没有优势

根据 PISA 2012 学生问卷调查结果,上海学生的 ESCS 指数平均值为 -0.36,其中上海职校生的 ESCS 指数平均值为 -0.71,显著低于上海一般普通高中、实验性示范性高中、完中和初中学生的该项指数值。在上海职校生中,有 77.7%的学生家庭社会经济文化背景低于 OECD 平均水平。

1.1.2.7 家庭社会经济背景对学生数学成绩的影响

上海职校中 ESCS 最低的四分之一的学生数学平均成绩达到了 531 分,而从 OECD 平均来看,ESCS 最低的四分之一的学生数学平均成绩只有 452 分。这说明在上海,尽管职校生的家庭社会经济地位显著低于非职校生,但他们仍然能取得较好的成绩。通过回归分析计算回归方程的解释率(R^2),可以估计 ESCS 对学生数学成绩影响的强弱。一般而言,回归方程解释率越高,表明学生家庭社会经济背景对学生成绩影响越强,即表明教育体制仍因学生家庭背景差异而存在不公平情况。上海职校生的 ESCS 指数能够解释数学成绩差异的 0.8%,与 OECD 各国平均(14.6%)差异显著。此外,上海职校生的 ESCS 指数对数学成绩的回归系数为 8.26,说明 ESCS 指数增加 1,数学成绩增加 8.26 分。

1.1.3　职校教育资源状况

1.1.3.1　生师比

从总体情况看,上海生源家庭经济状况较差的学生所在学校的生师比低于生源家庭状况较好的学校。在上海职校生中 ESCS 指数低于 OECD 平均水平的占 77.7%。那么在集中了大量家庭经济状况较差的生源的职校中,教师数量充足吗?根据 PISA 2012 问卷调查,我们发现上海的中等职业技术学校的生师比平均值为 17.3,与其他类型学校相比具有显著差异。

1.1.3.2　学习时间

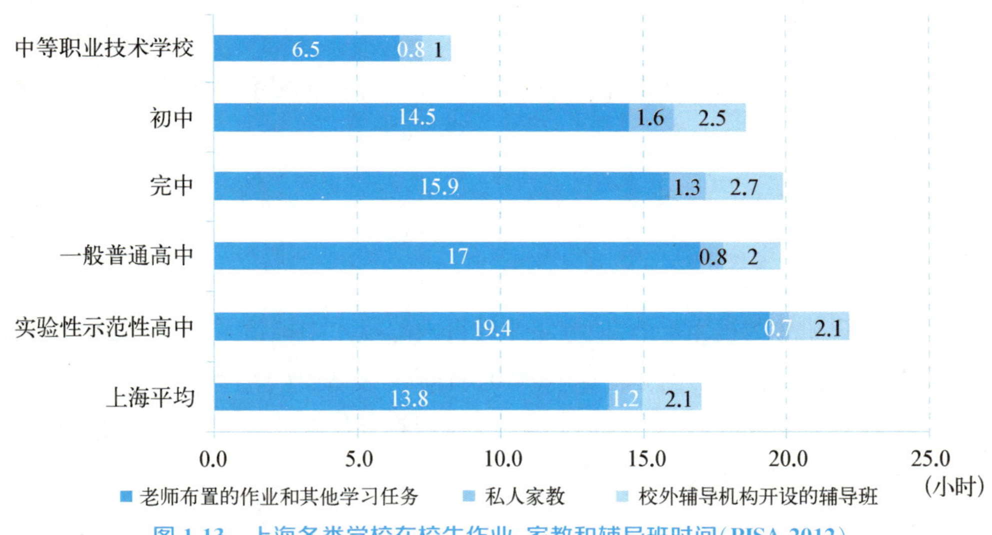

图 1.13　上海各类学校在校生作业、家教和辅导班时间(PISA 2012)

作业时间。根据 PISA 2012 数据,上海职校生的平均作业时间为每周 6.5 个小时,显著低于上海其他类型学校的学生(上海学生平均水平为 13.7 小时)。与其他 OECD 国家(地区)比较,上海职校生的作业时间与美国(6.1 小时)大致相同,高于 OECD 平均(4.9 小时),但他们的阅读、数学和科学成绩均比美国学生优秀。PISA 研究发现,每周作业时间在 11 小时之内,作业时间与数学、阅读和科学成绩之间存在着密切的正相关。因此,合理增加上海职校生的作业时间会有助于职校生各项成绩的提升。

私人家教与辅导班时间。根据 PISA 2012 数据,上海职校生平均每人接受私人家教的时间为每周 0.8 小时,参加课外辅导班的时间为每周 1 小时,显著低于其他类型学校的学生。然而，相关分析发现职校生的家庭社会经济背景与接受私人家教和课外辅导时间存在较弱的正相关。这说明，尽管职校生在家庭社会经济背景方面处于不利的位置，但他们的父母还是尽全力让自己的孩子得到更多的教育机会。

1.1.4 结语

对政府的启示：应加大对职业学校的投入力度，提高生师比，缓解师资短缺的压力；从全球视野理性、乐观看待、定位职校生的素养水平。

对职业学校的启示：应合理管理、充分使用职校生的在校学习时间；要对职校生给予更多的关爱和支持，因为职校集中了大量家庭社会经济背景处于劣势的孩子。

对职校生家长的启示：要对自己的孩子有信心；要让孩子更多地参加学校以外的课外学习活动。

1.2 研究内容

本研究以量化数据为基础，依据职业教育内部投入指标体系，分别从学生、班级、学校和制度，这四个层面分析环境(学习和教学)及背景(学生和学校)因素与职校生"素养"水平之间的关系，从而对国家的职业教育体系特征及质量进行综合性的描述与评价。项目从以下几个方面展开研究。

1.2.1 职校生"素养水平"的国际比较研究

本研究利用 PISA 2009 学生问卷中有关"课程计划"的问题(ST02)，单独把职校生或选择职业教育课程计划的学生抽出来，分别对职校生的阅读、数学和科学素养水平进行国际比较。首先，从 OECD 成员国及伙伴国或地区中挑选出在职业教育领域具有代表性的国家(地区)，以此为样本建立数据库。在挑选国家(地区)时不仅要考虑到 PISA 数据的可行性，还要兼顾文化同源、体系特征、教育传统等因素。进而，对职校生这一群体的素养水平进行国别比较，内容包括阅读、数学和科学素养的平均成绩、男女性别差距及精熟度水平分布这方面研究的意义在于对主要国家职校生素养水平进行国际比较并做总体描述。

1.2.2　职校生认知风格及学习策略的国际比较研究

聚焦 PISA 2009 主测试域“阅读素养”，进行更为细化的研究分析，内容包括职校生阅读的动机（为学习而阅读，还是基于兴趣而阅读）；职校生阅读的偏好、习惯，如阅读材料的广度及网上阅读活动；职校生的认知风格及学习策略的采用（记忆、精致、控制及元认知策略）等。这方面研究主要是对上述特征进行国际比较，进而发现不同国家职校生在阅读方面所呈现出来的认知倾向及学习风格，同时对上述维度进行与阅读素养水平的相关分析，发现不同国家（地区）影响职校生阅读素养的学生个人因素。

1.2.3　职校生学习与教师教学环境的国际比较研究

学校和课堂不仅是学习发生的情境（Context），还是教育理念及政策最终落实和直接呈现的地方。对教育政策的有效评价需要自下而上地从教与学的过程中得到反馈及证据的支持。这方面研究把学校和课堂视作影响职校生素养水平的环境因素，认为其属于外因驱动的背景变量。利用 PISA 学校和学生问卷信息，在学校层面聚焦学校社会背景、属性特征（公办/民办）、资源状况（学校资源分配指数）、师资状况（师资短缺指数、教师受教育水平、有资格教师的比例等）、教学条件（教学资源质量指数）等；在课堂层面聚焦学生与教师的关系及互动，包括师生关系、学校风气（影响学校风气的教师和学生行为）、课堂纪律、学生对学校的态度（如反校园文化）以及教师参与度，等等。

1.2.4　职校生家庭社会经济背景与成绩间关系的国际比较研究

自古以来，职业教育就是培养劳动人民的摇篮，从中世纪的工匠到现代社会的高级技术工人，它从来都不是精英阶层的首要教育选择。因此，相对于普通中学的学生而言，选择职业教育学生的家庭社会经济地位和父母的教育水平、职业地位也相对较低。但该结论需要量化数据的支持。本部分将利用 PISA 学生问卷信息合成的家庭社会经济地位指数 ESCS，即对学生父母职业地位、受教育水平和家庭经济状况信息进行合成而得到的综合指数，考察职校生家庭社会经济背景对其素养水平构成的影响程度并作国际比较，从中发现哪些职业教育体系可以有效弱化此种负面影响，促进教育的公平与均衡，为职业教育政策的制定与咨询提供科学依据。

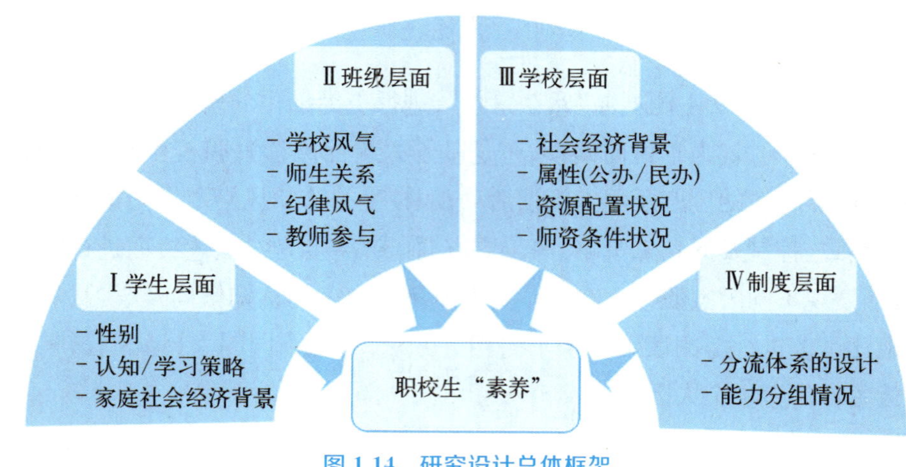

图 1.14　研究设计总体框架

1.2.5　体系设计与成绩间关系的国际比较研究

PISA 在体系层面对各国分流制度的设计(分流年龄)及能力分组(是否主要参考学业水平进行分组)也进行了考察。据 PSIA 数据显示,通过筛选、同质化分组而形成的学校或班级与教育系统的平均表现水平并无关联,却与学生成绩的差异有明显的关系。[①]尤其是,学生分流越早,其社会经济背景对学习结果的影响就会越大。本部分考查的内容包括：第一,主要国家义务教育阶段后普职分流的早晚对于职校生素养水平的影响;第二,筛选标准,如按能力分组还是按兴趣、动力分组对教育体系差别化效应的影响。由此,关注体系层面对职校生素养水平的影响,这有助于对职业教育功能及其社会价值(社会包容性)和各国职业教育体系的均衡做出宏观评价。

1.3　研究目标

利用 PISA 2009 这一大规模标准化的教育诊断测评,对已进入职业教育轨道或选择职业教育课程计划的学生“素养”水平(阅读、数学和科学)进行国际比较;借助 PISA 2009 学生及校长问卷信息,分别对职校生(包括认知风格、学习策略、学习动机、家庭社会经济背景等)及其所在职校的相关信息(包括校长领导力、学校风

① OECD(2010), Strong Performers and Successful Reformers in Education: Lessons from PISA for the United States, Paris: Organization for Economic Co-operation and Development.

气、资源配置状况等)进行国际比较;再进一步围绕"职校生"素养水平状况,分别与体系、学校、班级和学生个人背景这四个维度中的评价指标进行相关性分析,通过多层线性模型 HLM 分析软件,得出各共同作用因素对学业成绩的效应值。由此,第一,描述学生在跨过从普通教育到职业教育这第一道门槛①之时的素养水平及其差异;第二,对主要国家(地区)职业教育体系内部投入状况,包括教学条件、环境、学校氛围、师资条件等进行国际比较,从而对各国(地区)职业教育体系特征,尤其是质量与均衡上做出综合性的评价;第三,明确影响职校生学业成绩或素养水平的主要因素及其效应值。最终,为今后职业教育进行国际性的大规模标准化的质量检测提供科学依据及可行性的参考。

1.3.1　国内外研究现状综述

本研究所比较的职校生"素养"(Literacy),其内涵及特征秉承的是 PISA 独特的素养观。首先,从目的上看,其意义并非在于考查学生对读、写、算技能的掌握,而是检验他们是否为未来的生活及工作,尤其是对知识型社会所提出的挑战做好了准备;其次,从内容上看,此种素养并非职业教育话语体系下的"职业素养"或"职业能力",它面向的不是职业或工作中的某一个具有专门化水平的情境。在 PISA 素养评价框架下,"素养"得到了更加全方位的描述,不再局限于学校的课本知识与技能,而是拓展至与学生生活息息相关的各种情境,包括个人、公共、教育、职业和科学等五大场景(OECD,1999)。所以此种素养观不仅非常契合当下国际上所奉行的"人的全面发展与职业教育和培训相结合"的价值取向,同时还与强调个体适应未来社会发展需要,追求职业能力宽泛性、适应性和灵活性的新职业主义不谋而合(赵志群,2010)。国内外学者及职业教育从业人员对职校生该种"素养"的讨论及研究呈如下特点:

1.3.1.1　从研究数量上看,鲜有研究者利用 PISA 数据对职校生的"素养"进行国际比较和分析

自 1997 年 OECD 发起 PISA 测试以来,已顺利完成了为期三年一次的主测试域循环,分别为阅读(2000)、数学(2003)、科学(2006)和阅读(2009)。笔者从 PISA 项目总设计师、OECD 负责教育指标与分析部的主管安德烈亚斯·施莱克尔(Andreas Schleicher)那里了解到,在这十年间,OECD 并未在 PISA 的数据分

① 从职业教育与整个教育体系的关联看,涉及三大门槛,即从普通教育到职业教育的分流、从中等职业教育迈向更高层次的职业教育以及从职业教育直接到劳动力市场的进入。

析中对“职校生”这一群体进行过专项的研究。对此，一种可能的解释是，在参加PISA测试的OECD国家及其伙伴国和地区中，由于各国(地区)教育体系及其结构的不同，在普职分轨的年龄上出现差异。也就是说，部分国家(地区)的样本量中不会覆盖到职校生或选择职业教育课程计划的学生群体，如美国和加拿大，学生要在18岁以后才会开始第一次分流。所以，考虑到进行大规模比较的可行性以及OECD对PISA项目的目标定位，就未开展该项专题研究。而对于本国研究者而言，首先从时间上看，上海在2009年才第一次参加PISA测试，学者及研究人员，尤其是职业教育界对PISA项目还比较陌生，只看到上海学生总体成绩的优越而未对结果背后的数据库结构及问卷信息展开深入的挖掘和分析；其次，在认识上，职业教育从业人员及研究者往往会把PISA项目定性为对义务教育质量的评价，认为其与职业教育体系无关。实际上，从我国的教育结构看，职业教育属于义务教育阶段后的一种分流教育。从上海PISA 2009的抽样看，测试对象包括了一定数量选择职业教育或被迫分流到职业教育轨道的学生；

1.3.1.2　从研究的侧重点看，聚焦“职业素养”或“职业能力”的较多，关注围绕学科领域发展的通适性“素养”较少

首先，需要澄清的是，PISA不是基于课程内容的学业成绩评价。[①]PISA所测评的“素养”指的是学生在主要学科领域应用知识和技能的能力，以及在不同情境中提出、解决和解释问题时有效地分析、推理和交流的能力。PISA 2009测试域覆盖了阅读、数学和科学三大素养。至今国内没有学者利用PISA 2009数据对上海职校生的上述三大“素养”进行比较研究。对于针对职校生阅读、数学和科学三大素养的问题研究，国内职业教育从业人员或研究者大多采取两种分析路径：第一，把该问题等同于对语文、数学等文化基础课的学习或教学问题；第二，把该问题笼统地归纳为职校生“学业不良”。

1.3.1.3　从研究的深入程度看，国内职业教育领域的研究者还停留在理念借鉴，国外学者则已深入到对职校生从学校—工作过渡质量的诊断与评价中

自2010年上海PISA成绩公布之后，一时之间PISA项目在国内教育界声名鹊起。不少职业教育的从业人员及研究者也敏锐地洞察到PISA独特的素养评价框架，即强调素养的可持续性、情境性和过程性，并将其引入职业教育

① 上海PISA研究中心(2010).质量与公平——上海PISA 2009结果概要[R].上海教育出版社，2010.

教学和评价的实际研究工作中,如在职业能力的测评和职业教育体系质量的监测上倡导效仿 PISA 的素养评价框架及方法;如在课堂教学中吸收 PISA"素养"观,重视培养职校生主动思考、寻找信息、独立做出方案并行动的能力(郑少京等,2008)。国外研究者则已开始把 PISA 项目应用到基础教育是否对职校生就业质量产生影响的实证研究中。通过追踪参加过 PISA 测试,并选择或已进入职业学校或职业教育课程计划的学生,了解他们最终的就业去向及选择,来进行 PISA 成绩对职校生就业质量间关系的研究,从而推测出职业教育与培训对于就业质量到底有多大的影响,是否还不及基础教育对学生们的影响那么深远。实际上,就是考察职校生的基本素养水平在多大程度上会决定他们未来从事的工作类型,素养水平高的学生是否会从事技术和知识含量比较高的工作。国外已有数据显示,PISA 成绩低的职校生往往在完成职业教育与培训两年后更有可能在劳动力市场处于不利的位置。①

1.3.1.4　从研究的视角看,关注系统层面的问题较多,学校和班级层面的问题较少

在职业教育研究领域,PISA 的数据结果通常被用来评估各国分流体系的筛选性强度。换句话说,是否成绩差的学生都被分流到了职业教育体系中?此外,广大研究人员还会把 PISA 数据与其他一些国际知名的大型教育结果测评数据相互联系和应用,如国际数学与科学教育成就调查(TIMSS)和国际成人能力测试(PIAAC),利用 PISA 问卷提供的个人信息,特别是家庭社会经济背景,追踪个体在不同教育阶段(包括职业教育)或劳动力市场中的能力表现(是否充分就业),从中发现联系,为教育政策和教育体系进行评价。但在职业教育领域,利用 PISA 数据结果分析学生素养与学校、班级、教师及学生家庭社会经济背景相关性的研究却很少。可见,在 PISA 数据对于职业教育体系内部问题的诊断及监测的应用方面,还有待加强。

1.4　研究意义

本研究项目试图充分利用 PISA 2009 已有数据样本及结果,单独把研究国家(地区)的"职校生"这一群体抽离出来,进行素养水平的国际比较,并结合相关问卷

① Kathrin Bertschy, M. Alejandra Cattaneo, Stefan C. Wolter. (2009) 'PISA and the Transition into the Labour Market'. Journal of Labor, Vol 23: 113 - 137.

信息,分别从教育体系、学校、班级及学生这四个层面分析结果背后的构成因素,其学术价值或实践意义在于:

1.4.1 从实证的角度完善职业教育政策的国际比较研究

国内职业教育研究领域从来都不缺比较研究的视阈,但往往在对各国职教体系、制度及政策的梳理和比照时忽略了实践层面的各主体活动。在国际比较研究中,文献的力量在于能够宏观地描述客观存在的教育体系特征,在解释、对比、归纳中给予定性的评价。然而,停滞于体系层面的描述是抽象而笼统的,因为它无法诊断、监测出体系内部的实际运行状况。如果要具体"深描"存在于特定教育结构中的"学生"或"教师",那么仅凭单一的文献研究是做不到的。我们需要的是能够纪录每一名学生的特征,包括家庭社会背景、职业愿望、学业成绩、学习策略、认知倾向等信息的分析单元,从微观层面对身处不同职教体系的学生素养及其所受教育的质量及均衡做出综合评价。文献的说服力是干涩的,似乎数据更会说话。无疑,参加 PISA 测试,不仅把我国纳入可进行国际性、科学性、综合性的教育评价框架下,同时还为我们提供了一个可从实证角度及方法(Evidence-based Research)出发,在微观或中观层面对各国职业教育体系进行比较和具体讨论的数据分析平台。

1.4.2 从评价上完善对职业教育体系的质量监测

就对职业教育体系质量进行评价而言,难点首先在于如何对其进行综合而又全面的客观描述。评价是在比较中进行的。那么,和谁比?标准和尺度在哪里?其次,不能完全依据目前的法规及政策对教育结果或质量做出预判,而应回到实施层面,通过收集各项描述指标来判断客观现实是否达到了预定的教育目标。但在实际操作中,往往只是围绕一个评价指标,如教学或师资状况进行集中描述和广泛比较,以至丢失了整个宏观的评价体系或框架。对各评价指标的孤立判断无疑会对总体质量的评价带来局限性,甚至会对教育政策及建议的判断产生偏差。PISA 的评价框架则立足于体系、学校、班级和学生四个层面,结合学生成绩、学生个人特征信息及校内外影响他们学习的关键因素,换句话说,也就是在各因素的"关联"中对体系做出综合的诊断及质量评价。利用 PISA 数据及其评价框架对职业教育体系质量进行监测本身就有利于从评价方法、技术和内容上改进目前的评价。

1.4.3 从理念上树立对"职校生"素养水平的正确认识

职业教育一直被认为是"学业成绩不良者"的收容地。"生源质量"的问题已让职校教师怨声载道。从 PISA 2009 的数据结果看,上海职校生的阅读(500 分)、数学(518 分)和科学(515 分)三项的平均成绩均低于上海总体水平,的确与普通中学的学生成绩差距较大。[①]但与国际范围主要国家(地区)的职校生相比较,上海职校生的成绩并不差,甚至高于 OECD 平均水平(包括职校生与非职校生)。众所周知,"没有一流的职业教育就没有一流的产业"。职校生最先进入劳动力市场,奋斗在各国生产、制造业的一线岗位上,他们的素养水平集中体现一国产品和服务质量的水平。因此,将我国的职校生与其他各国(地区)的职校生进行素养水平的比较是具有重大价值和实际意义的。从长远看,这本身就是未来劳动力资源素养水平的一次比较。借助 PISA 数据,通过国际比较不仅能让我们了解世界范围职校生素养的基本状况以及我国职校生的相对水平,同时还能在一定程度上纠正人们只局限于将职校生与普通中学学生做学业成绩比较的一贯做法。这有利于重塑职业教育工作者的信心和促进人们积极正面地看待职校生在 PISA 测试中所取得的成绩。

1.4.4 从多因素分析框架解读职校生"学业不良"问题

在职业学校,班上的学生几乎全是因为中考分数线未能达到普通高中要求而被迫选择就读职校的。这类学生群体大多数是初中的"瘸腿生"或老师眼里的"差生"。[②]职校教师反映,根据他们多年的职教工作经验,家庭、学校、社会等环境因素是导致职校生学业成绩差的主要原因,其次才是学生自身的个人因素,其中智力因素和身体因素的影响微乎其微。[③]对于这些影响职校生学业成绩的多种因素已被广泛讨论,但只是停留在教师的经验认识层面,缺乏以量化数据为基础的检验。如在众多因素共同作用下,哪一类因素是制约职校生学业不良的主因?影响的效应值有多大?换句话说,剔除该因素会对学生成绩影响有多大?借助 PISA 测试结果及其问卷信息,我们可以进一步确定影响"职校生学业不良"的众多因素,从而打

---

① 数据摘自《机遇与挑战:如何通过 PISA 完善职业教育体系?——基于 12 国/地区的国际比较》(内部报告),上海 PISA 中心。

② 张聪霞."激励"职校生[J],职业教育.2011(11).

③ 刘健.职校学困生的成因与对策[J].文教资料,2010(3).

破单因素分析的局限，在多因素共同作用的模型下明确最主要的影响因素。因为 PISA 测试的功能不仅限于对学生学业成绩的评价，它还关注背景因素，包括学生个人因素（学习策略、动机与态度），家庭和学校背景信息以及这些因素对学生成绩综合影响的解读。①

1.5 研究方案设计

1.5.1 研究对象

根据本研究的需要，从 PISA 2009 国际数据库选取 10 个国家（地区）。其中，从文化的同源性看，有共属于儒家文化圈，在传统上重文凭轻技艺的亚洲邻国，在职业教育体系上以学校本位为特征的国家（地区），包括中国台北、日本和俄罗斯；从职业教育的特色看，有实行双元制、行业主导，尊崇“手工艺”精神的老牌职业教育强国，如德国、荷兰、奥地利和卢森堡；还有在教育上奉行自由、民主的国家代表澳大利亚和法国。

表 1.3 所选研究国家（地区）职校生所占 PISA 样本量信息

序号	国家（地区）	样本总量	职校生样本量	职校生所占样本比例
1	中国上海	5 115	1 070	21%
2	中国台北	5 831	2 292	39%
3	日本	6 088	2 711	45%
4	俄罗斯	5 308	306	6%
5	德国	4 979	1 138	23%
6	荷兰	4 759	4 222	89%
7	奥地利	6 590	2 636	40%
8	卢森堡	4 622	675	15%
9	澳大利亚	13 793	1 821	13%
10	法国	4 298	381	9%

① OECD (2009). PISA 2009 Assessment Framework: key competencies in reading, mathematics and science, Paris: Organization for Economic Co-operation and Development.

1.5.2　研究重点

本研究拟解决的关键问题如下：

从国际上看，职校生素养水平（阅读、数学和科学素养）的总体情况如何？上海职校生的相对位置在哪里？尤其是与OECD平均水平相比，是否绝大多数选择职业教育或职业教育课程计划的学生都属于“低学业成就者”？

在阅读方面，职校生呈现出来的认知倾向及学习风格是什么样的？考查学习风格、策略及动机等这些属于学生个人的因素对阅读成绩的影响以及男女在成绩、认知风格及策略运用上所存在的差异。此种差异是否在国际范围是普遍存在的？

学校及课堂所提供的学习和教学环境因素对职校生素养水平产生多大影响？从国际上看，我们与主要国家的职教资源质量是否存在差距？

普职分轨的早与晚是否会对职校生的素养水平产生影响？是否会给家庭社会经济背景处于劣势的学生带来更为不利的影响？

从国际上看，职校生的家庭社会经济背景状况如何？在不考虑其他影响因素的条件下，它对职校生素养水平的直接影响有多少？结合成绩，讨论此种差异在各国的分布状况。那些体系发挥了优势，弱化了此种负面效应？

1.5.3　研究难点

一是如何从PISA数据中准确地筛选出有关“职业教育项目”（Vocational Program）的编码。从目前的数据结构看，不同国家对于Vocational Program的理解是不同的，如英、美从课程角度划分；德、奥则是从基于中学后不同流向的需求划分（面向劳动力市场提供职前教育的职业预科学校或为升入高等职业教育做准备的实科中学）；法国按照国际教育水平划分（ISCED Level）。不同的划分角度和各国职业教育体系的复杂性给数据和国家（地区）的筛选带来了难度。二是不局限于一个层面的研究，如何联系各层面（制度、学校、课堂与学生）的因素对职校生“素养水平”表现进行综合性的解释，从而对各国（地区）职业教育体系的总体质量与均衡做出综合的分析与评价。三是由于PISA测试对象的年龄集中在15岁，因此无法获得那些在16岁后才实施教育分流的国家（地区）的选择职业教育学生的数据，如英、美、新西兰、中国香港等，但这些国家（地区）的职业教育却是非常具有代表性的。如何弥补这一缺憾也是本课题面临的挑战之一。

1.5.4 研究方法

本研究拟采用定量分析为主，定性分析为辅，宏观分析和微观分析并举的策略。

比较研究方法：通过对国内外尤其是国际前沿的相关文献的调查、报告，用因素分析和比较分析方法梳理文献，归纳各国家和地区在义务教育后对学生分流、普职分轨、职教办学模式及理念方面的异同，并挖掘其背后所蕴含的经济、社会及文化根源，从而为实证研究中的国家（地区）筛选提供理论依据和解释性的支持。

实证研究方法：依托 PISA 2009 数据，结合本项目的研究目标及内容，筛选相关教育评价指标，分别从制度、学校、课堂及学生层面综合地检验各维度与职校生素养水平间的影响关系，在各项指标的关联中描述不同国家的职业教育体制特征及其学生面貌。

案例研究方法：根据研究兴趣，有针对性地围绕特定的研究专题，如学生认知倾向、阅读偏好、教学策略等，收集国内外的大量研究和实践案例，在此基础上对案例进行统一的抽象和归纳，进而对实证研究的结果做出更为详细的描述和更为有力的解释说明。

1.5.5 技术路线

上述研究方法及策略的运用可体现为以下几个具体的操作步骤和关键环节。

根据技术路线的设定（如图 1.15 所示），本研究将分为以下几个部分展开：

第一部分，职校生家庭社会经济背景因素的国际比较研究。PISA 测试对教育研究的突出贡献之一在于从实证的角度证实了学生家庭背景因素对学业成绩的显著影响。虽然大部分职业教育的从业者和研究人员都认为，职校生的家庭在社会经济分层中处于相对劣势的位置，但到底与非职校生相比差距有多大？如果把职业作为社会阶层分化的依据，那么职校生父母的职业地位对其最终选择职业教育有多大的影响？这些论断或具体问题都需要得到充分的数据支持。PISA 测试综合学生父母职业、受教育水平和家庭财产及拥有教育资源的状况合成了学生家庭社会经济背景指数（ESCS）。本部分将对职校生父母的职业、受教育水平、家庭经

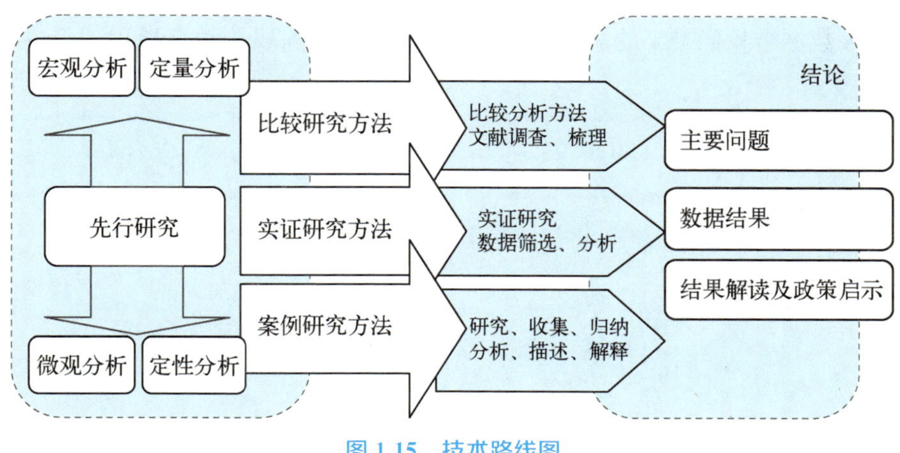

图 1.15　技术路线图

济状况(财产、教育资源拥有状况)进行国际比较,并对该指数对学生成绩的影响进行综合分析。

第二部分,职业学校背景特征与资源投入状况的国际比较研究。职业学校是职业教育开展教学活动的主要场所之一。学校的特征及资源的投入及使用情况对于学生学习的效度将产生直接的影响。本部分将借助 PISA 测试的学校问卷,立足学校层面,围绕学校背景变量,包括所处位置、学校竞争性、学校办学属性等,以及学校资源投入状况,包括各项人力、物力和管理等投入指标,对所选取的 10 个国家(地区)在 PISA 2009 所抽样到的职业学校进行实证性的描述与国际比较。

第三部分,PISA 的学生"素养观"(Literacy)是基于对学习的建构性、社会性和情境性提出的。基于此种教育学立场,与非职校一样,职业学校也应该把"学会学习"或"学习过程"作为新的人才培养目标;为学生提供适应、尝试和解决问题的机会,创建鼓励学生构建知识的学习环境。那么,能够促进学习发生并且帮助学生学会学习的学习环境的特征是什么?传统的课堂是否还在主导着职业学校?PISA 从师生关系、教师激励学生参与阅读策略,包括元认知、认知策略、情感性策略等描述学生的学习环境。此外,还从教师和学生的行为因素以及学生对学校的态度方面来对学校风气做出综合的评价。本部分将利用 PISA 描述学生学习环境和学校风气的各项指数与指标来对职校是否具有"扩展性"学习环境进行评判,从而对所比较国家(地区)的职业学校的课堂进行深描。

第四部分,结论:政策与启示。本部分将对上述章节的重要观点与研究发现进行梳理与归纳。结合当前我国构建现代职业教育体系的大背景，立足国际视野和 PISA 数据给我们带来的重要启示与发现，对我国的职业教育提出建设性的政策与建议。

2. 职校生社会经济背景与学业成绩的关系

截至2011年的官方统计数据表明，我国中等职业教育学校（包括普通中等专业学校、职业高中、技工学校和成人中等专业学校）在校生人数达2 205.33万人，占高中阶段教育在校生总数的47.06%。近年来，中等职业学校在校生人数占高中阶段在校生总数的比例基本维持在47%。[①]上海的普职比例也基本维持在6∶4左右。这说明职业教育办学规模得到了进一步的巩固。

然而，在职教规模扩大和巩固的背后存在的问题是中等职业教育完成率的逐年下降。接受职业教育的孩子比接受普通中学教育的孩子更容易辍学。尽管一方面，中职生的就业率和职业资格获取率在逐年提升，但这些指标的计算均把那些中途退学的职校生排除在外。2009—2012年，中等职业教育的完成率以每年约1%的速度下降（见图2.1）。比较2006—2011年的数据可以发现，2009—2011年中等职业学校毕业生人数远远低于三年前的招生人数。这些流失的学生要么根本没有到职校报到，要么中途退学。这些现象在一定程度上反映了职业教育吸引力的不足。

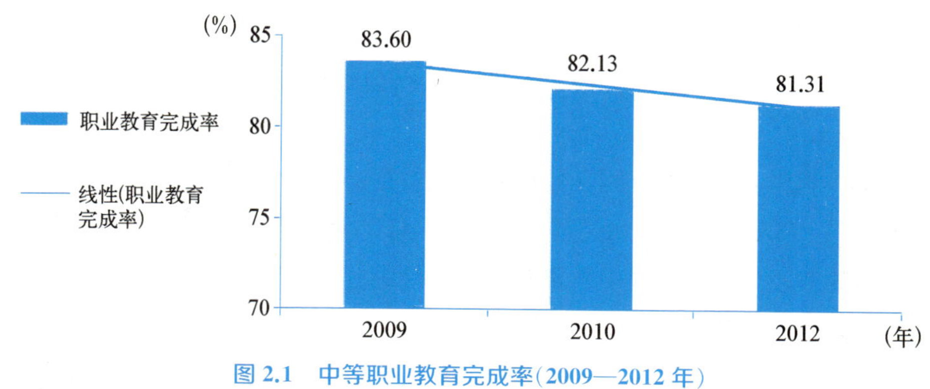

图2.1 中等职业教育完成率（2009—2012年）

---

① 数据来源：中华人民共和国国家统计局编.2012年中国统计年鉴.北京：中国统计出版社，2012.

职业教育的吸引力不仅取决于其教育质量是否能满足家长和孩子终身发展的需求，同时还取决于它能为学生提供何种职业前景。个人通过接受不同类型的教育，从而得到不同的职业前景，进而影响到个人在社会阶层中的位置。所以在现代社会，社会流动的逻辑是"教育—职业—阶层"。早在 20 世纪 80 年代，中等职业教育文凭曾一度是众人争抢的"香饽饽"。一方面，中等职业教育让大批农民和低技能水平的工人子女成为有一技之长的工人。相对于他们的父母，他们不再是农民和简单的体力劳动者，而成为具备一定专业知识和技术的产业工人。他们在社会阶层中的位置得到了相对的提高，且从事的职业也相对更加体面和受人尊重。另一方面，教育分流和当时国家经济发展背景及工作分配政策相关。80 年代，考大学还是"千军万马过独木桥"的年代。而那时的中专生毕业后是包分配的，且享受"国家干部"的待遇。因此在大多数人收入均衡的情况下，一些学生和家长宁可选择中专也不愿去承担考不上大学的风险。可见，在 80 年代初期，中等职业教育作为一种教育类型确实促进了社会阶层的流动。而随着社会生产力水平的不断提高，经济发展模式的转型，产业结构的升级，对熟练技术工人所必须要具备的知识要求发生了变化。那时，劳动力密集产业对工人普通知识的要求并不高，一般具有初中程度文化水平即可。而现代知识型密集的产业对熟练工人普通知识和通适性能力的要求很高，一般非具有高中程度文化水平不可。再者，随着高等教育的大众化发展，"上大学"不再是少数人的发展路径选择。在这样的经济发展和社会变革背景下，中等职业教育逐渐沦为普通教育"失败者"无奈的选择。它无法再发挥促进社会阶层向上流动的功能。那么，在目前职业教育所面临的挑战和变革背景下，它是否固化了原有的社会阶层的分布？换句话说，职业教育是不是并未能阻止"低教育水平""低收入水平""低社会阶层"等不利社会经济背景因素在代际之间的复制？

本章将利用 PISA 2009 国际数据库中的数据，分析职校生家庭社会经济背景构成及其与 PISA 成绩之间的关系。这将从实证的角度进一步揭示或证实义务教育阶段后的普职分流是否固化了现有社会阶层的分布。我们将能了解到，职校学生是否大多来自社会经济背景因素不利的家庭？或者说，是否大部分社会弱势群体的孩子更容易成为职校生？这些学生的家庭社会经济背景对他们的成绩到底有多大的影响？如果中国上海存在职业教育代际复制的情况，那么在所比较的其他 9 个国家（地区）中，情况也是如此吗？

2.1 职校生父母的受教育状况

在学生的构成上，社会群体间的差异在中等教育（职校与非职校）的结构分布中得到了反映。不同类型的教育及其质量正在强化此种社会差异。受教育水平低、从事简单劳动、职业地位低的父母，其子女比那些在教育和职业地位上占有利位置的父母的孩子更有可能上职业学校。PISA 测试的学生问卷要求学生报告其父母的受教育水平程度。了解学生父母受教育程度，最直接的方式就是问其父母受过最高教育的年限。但是，通常情况下 15 岁的学生很难准确说出其父母实际受过多少年的教育，他们只能准确地以学段的概念来描述其父母的受教育水平。因此，PISA 利用国际教育标准分类（International Standard Classification of Education，简称 ISCED），将受教育程度分为 7 个不同类别的学段。各国（地区）可根据自己实际的学段和类别名称，在学生问卷中做出适当的调整。表 2.1 为我国国情教育学段和各类别名称与 ISCED 的对照。

表 2.1　我国教育学段及类别名称与国际教育分类的对应

ISCED 中的教育类别	我国对应的学段/教育类别
ISCED level 0	没有读完小学
ISCED level 1	小学
ISCED level 2	初中
ISCED level 3B or 3C	职业高中/中专/技校
ISCED level 3 A	普通高中
ISCED level 4	高中毕业后的职业培训证书(6 个月—2 年)
ISCED level 5B	专科(非本科类高等教育)
ISCED level 5A	本科
ISCED level 6	研究生

根据对应表和 PISA 数据结果，我们能够获取所比较的 10 个国家（地区）的职业学校学生父母的受教育情况，并以这些国家（地区）非职校生父母的受教育水平作为参照来进行对比分析。

2.1.1 职校生父亲的受教育状况(FISCED)

在上海职校生的父亲中，初中毕业的占 34.4%，三校生(中等职业教育)占 3.5%，普通高中或高中毕业后的短期职业培训者占 30.9%，专科层次占 10.8%，而本科及以上学历者仅占 9.2%。从所比较的其他九个国家(地区)的情况看，在俄罗斯，职校生父亲接受本科及以上教育的比例占到了 24.9%；在日本，该项比例竟达到了 39.7%。从非职校生父亲受教育的情况看，上海的情况是初中毕业的比例为 25.4%，该项比例比职校生的父亲低了 10%。而在接受高等教育方面，非职校生的父亲中有 24.8%接受了本科及以上的教育，而职校生的父亲中只有 9.2%的人有此经历。这一项的百分比差距达到了 15.6%。

在俄罗斯和日本，职校生与非职校生父亲受教育状况的差异并不大。在中国上海、中国台北、奥地利、法国等大多数国家(地区)，职校生的父亲受教育水平状况的特征是：接近三分之一的人初中毕业，只有大约 10%接受过本科及以上教育。从学段看，由低往高依次比较后发现，职校生父亲的受教育水平要明显低于非职校生的父亲。

2.1.2 职校生母亲受教育状况(MISCED)

首先，与职校生的父亲相比，从所研究的国家(地区)看，基本上母亲的受教育水平均低于父亲的受教育水平。不过在俄罗斯，职校生母亲的受教育程度要优于他们的父亲，职校生母亲接受过本科及以上学历教育的比例为 34.6%，高出父亲 8.4%。而在上海，职校生母亲初中毕业的比例高于其父亲的该项比例，差距达到 10.4%。接受过本科及以上学历教育的职校生母亲比例为 8.1%，而父亲的该项比例则为 24.8%。其次，与非职校生母亲的受教育程度相比，从受教育水平的程度看，大部分国家(地区)非职校生母亲要明显优于职校生母亲：小学毕业的比例，非职校生母亲为 5.3%，职校生母亲为 8.1%；初中毕业的比例，非职校生母亲为 27.1%，而职校生母亲为 35.8%；接受过专科层次教育的比例，非职校生母亲为 15.7%，职校生母亲为 10%；在高等教育方面，有 19.9%的非职校生母亲接受过本科及以上层次的教育，而职校生母亲的该项比例仅为 8.1%。

2.1.3 职校生父母任意一方的最高受教育年限状况(HISCED)

PISA 除了分别统计学生父母受教育状况外，还对应国际教育分类标准

(ISCED),计算了学生父母任意一方最高的受教育水平(HISCED)。HISCED 是一个次序尺度变量,它本身代表一定的排序。HISCED 越大,则表示父母任意一方受教育水平的程度越高。对上海职校生 HISCED 做平均值比较分析发现,非职校生该数值的平均值为 4.225,职校生该数值的平均值为 3.590,并且差异显著。这说明,按学生父母中教育程度最高的一方进行比较,职校生父母受教育的状况要比非职校生的情况差,并且差异显著。

2.2 职校生父母的职业状况

如果父亲或母亲的职业受人尊敬且具有良好的生涯前景,那么其将成为孩子学习的榜样,从而激励他们努力学习,去延续父母的辉煌与骄傲。数据显示,在中小学阶段,与成长在家庭条件优越的学生相比,那些来自低收入、父母职业地位较低或甚至失业家庭的学生取得优异成绩的可能性较小(Datcher, 1982; Voelkl, 1995; Finn and Rock, 1997; Johnson *et al*., 2001)。父母的职业地位及状态是学生家庭社会经济背景的重要组成部分之一。考察职业学校学生父母的职业地位状况,是为了了解职校生的家庭社会经济背景,并考证与非职校生相比,职校生的父母是否更多地从事职业地位相对较低的工作;与职校生毕业后所从事的职业相比,他们与父母之间是否存在代际复制的现象。这些问题的答案均需要我们借助 PISA 问卷的相关信息并结合我国国情,进行分析研究后才能得出。我国学者陆学艺先生在 2002 年完成的《中国社会阶层报告》中提出以职业为分类基础,以组织资源、经济资源、文化资源的占有状况为标准来划分社会阶层的理论框架。在大型调研的基础上,陆学艺指出中国社会阶层已由原来的工人、农民和知识分子三大阶层转化为了今天的中国社会"十大阶层"(见表 2-2)。其中,在中国"十大阶层"中位于第 3 到第 6 阶层的被称为"中产阶层",而位于第 7 到第 10 的阶层则属于底层。数据显示,底层占整个社会阶层结构的 50%以上。[①]可见,稳定和提升社会成员的社会地位,开辟底层社会成员更加接近或顺利通往中产阶层的道路,将对整个社会的稳定和谐起到至关重要的作用。如果说职业教育要发挥促进社会阶层向上运动的社会功能,那么首先要了解职校生的父母目前所从事的职业在社会阶层中所处的大体位置。

---

① 陆学艺.当代中国社会阶层研究报告[M].北京:社会科学文献出版社,2002.

表 2.2 HISCED 平均值比较

	选项	统计值	HISCED	标准误	学生加权数量	学生数量	学校数量
1	非职校生	MEAN	4.225	.055 666	75 844	4 042	122
2	职校生	MEAN	3.590	.087 007	21 126	1 069	33

首先，依据陆学艺先生提出的中国社会“十大阶层”对应表，我们假设 PISA 问卷中出现的“白领（高技）”和“白领（低技）”对应的是第 3 到 6 层的社会阶层位置，属中产阶层；“蓝领（高技）”属第 4 层专业技术人员；“蓝领”（低技）对应第 7 和第 8 层，属下层劳动者。现代汉语词典对“白领”和“蓝领”的界定主要依据的是所从事工作中脑力劳动与体力劳动之间的比例。“白领”是指那些从事纯粹脑力劳动的工作人员，他们胜任的职位是研究、管理和文职。但白领中也有“低技能”或称“低级白领”的劳动者。此类人员主要指办公室行政人员，他们从事单纯的脑力劳动，但不同的是他们的技术和知识含量比较低，可替代性比较大。而“蓝领”是指制造企业中的实际操作人员，大部分为中等职业学校毕业生，从事具体的操作工作。但在产业结构不断升级的过程中，蓝领中逐渐分化出了“高级蓝领”。高级蓝领，即蓝领（高技能）是蓝领人才的最高层次，其最重要的特点在于他们具备相当丰富的实际动手经验且具备较强的实际问题解决的能力，能独立地诊断、发现生产一线出现的问题并提出解决问题的方案、措施和方法。这就对此类人员的综合能力、创新思维能力提出了要求。

表 2.3 中国社会“十大阶层”分布

序号	职业	序号	职业
1	国家与社会管理者	6	个体工商户
2	经理人员	7	商业服务员工
3	私营企业主	8	产业工人
4	专业技术人员	9	农业劳动者
5	办事人员	10	过渡性特殊阶层

目前，我国最稀缺的就是高级蓝领人才。从人才学角度看，目前我国学者比较认可的人才分类是把人才分作学术型人才（科学型、理论型）、工程型人才（设计、规划、决策型）、技术型人才（工艺、执行、中间型）和技能型人才（技艺、操作型）等四类。最后两类又被统称为技术应用型人才。人才分类对应的是科学教育、工程教

育和技术教育三种教育类型。依据这样的人才分类，显然“蓝领”属于技术应用型人才，其中蓝领(高技)属于高技能人才，这正是目前我们所稀缺人才类型。而蓝领(低技)也属于技术应用型人才，但是操作型或技能型的。它与高级蓝领的最大区别就是可替代性强、经简单培训后就能上手，如流水线上的工人。中等职业教育的人才培养目标是培养一线的生产、服务、技术、管理等工作的技术应用型人才。中职毕业生获取职教文凭后多数从事商业服务职业，如饭店服务员人员、销售人员、医疗卫生辅助人员等；还有生产类职业，如从事体力、半体力劳动的生产工人、建筑业工人、设备操作人员等。因此，从培养目标看，虽然中等职业教育属于技术教育，但更为侧重的是技能型人才的培养(技艺和操作)。而高等职业教育则更加侧重对更高层次技术应用型人才的培养，如蓝领(高技)。那么依据职业分类，中职生的父母在社会阶层分布中处于什么位置？本部分将以非职校生为参照，利用 PISA 提供的职校生父亲的职业分类(FSECATEG)和家庭成员中最高职业地位指数(HISEI)，呈现所比较国家(地区)职校生父母的职业地位及社会阶层的分布状况。

2.2.1 职校生父亲职业分类状况(FSECATEG)

PISA 学生问卷询问了学生父亲所从事的职业，并依据工作对知识、技术和专业性的要求将其划分为“白领(高技能)”“白领(低技能)”“蓝领(高技能)”和“蓝领(低技能)”四类。

首先从“白领(高技能)”的分布看(见图 2.2)，除了日本和荷兰之外，其他国家(地区)的情况都是职校的该项比例小于非职校。这说明，与非职校生相比，职校生父亲是白领(高技能)的较少。在上海，职校与非职校这一比例的差距为 18.2%。而德国的两极分化则更为严重，此比例差距达 22.9%。

第二，从“白领(低技能)”的分布看(见图 2.3)，职校与非职校的差距并不大，甚至在很多国家(地区)职校的该项比例超过了非职校。如中国上海，职校生中父亲是白领(低技能)的比例为 16.2%，而非职校的该项比例为 13.3%。这说明，在职校中一部分学生的父亲从事简单的脑力劳动，如办公室行政人员等。这类人才的特点是技术、知识含量较低，可替代性强。

第三，从“蓝领(高技能)”的分布看(见图 2.4)，除荷兰以外的国家(地区)，职校生父亲是“蓝领(高技能)”的比例要明显大于非职校生。这说明与非职校生相比，职校生的父亲很多都是具有丰富技术经验的技术应用型人才。尤其是在德国、卢

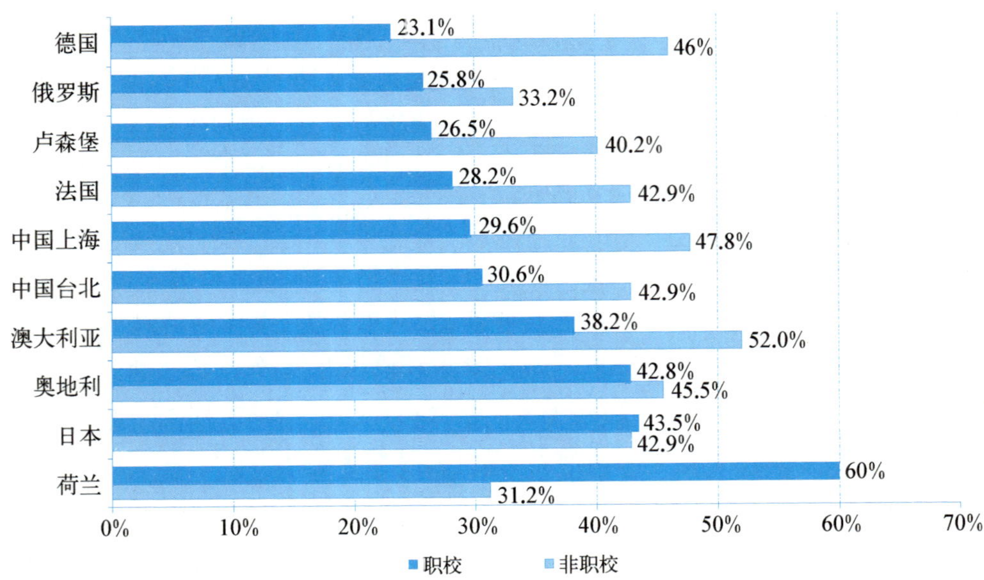

图 2.2 学生父亲职业是白领(高技能)的所占百分比

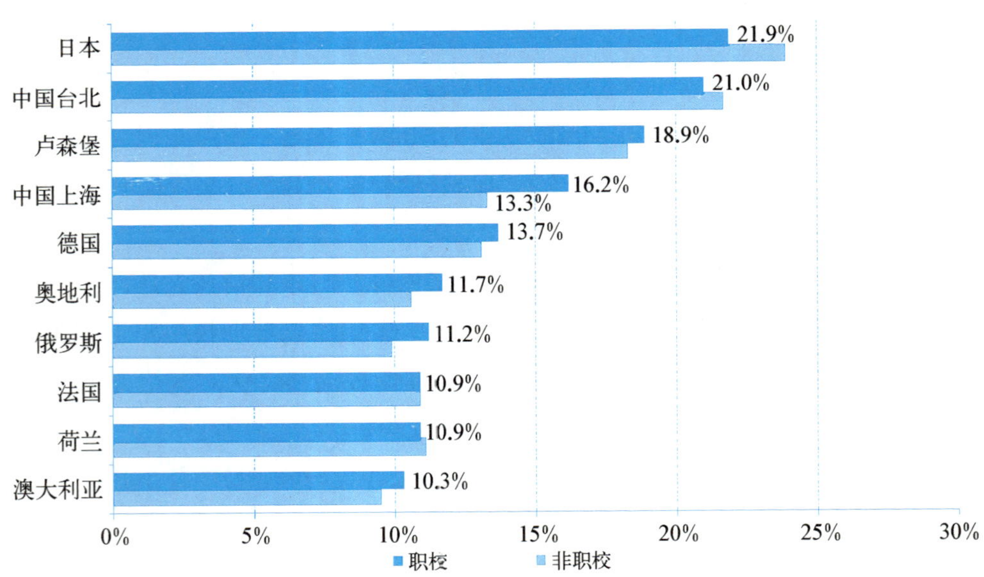

图 2.3 学生父亲职业是白领(低技能)的所占百分比

森堡、澳大利亚，该项比例职校与非职校的百分比差距均在 10%左右。这是职业出现代际复制的一种体现。

第四，从“蓝领”(低技能)的分布看(如图 2.5)，首先与非职校生相比，职校生父亲是低技能型蓝领的比例要远远大于非职校生，荷兰除外。在中国上海、法国和俄罗

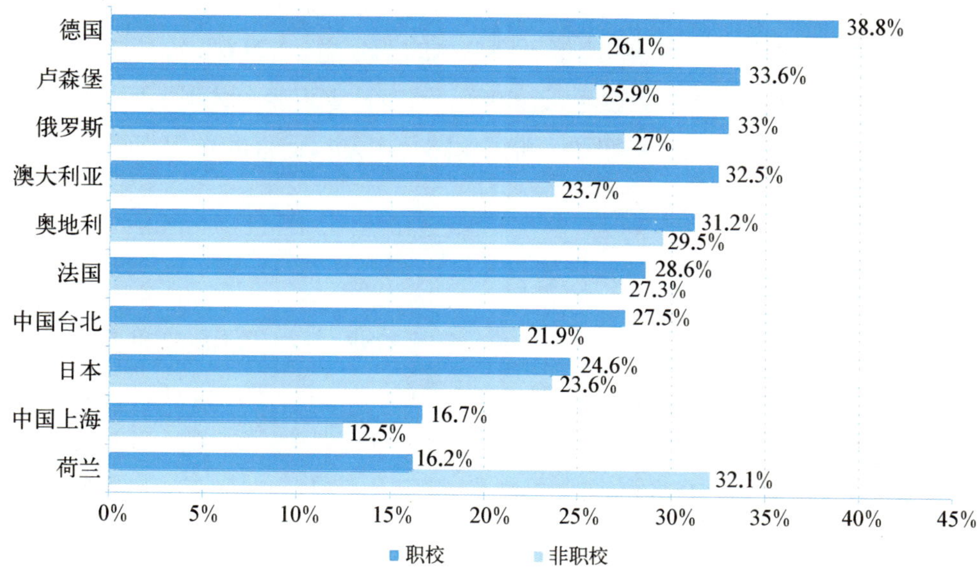

图 2.4　学生中父亲职业是蓝领(高技能)的所占百分比

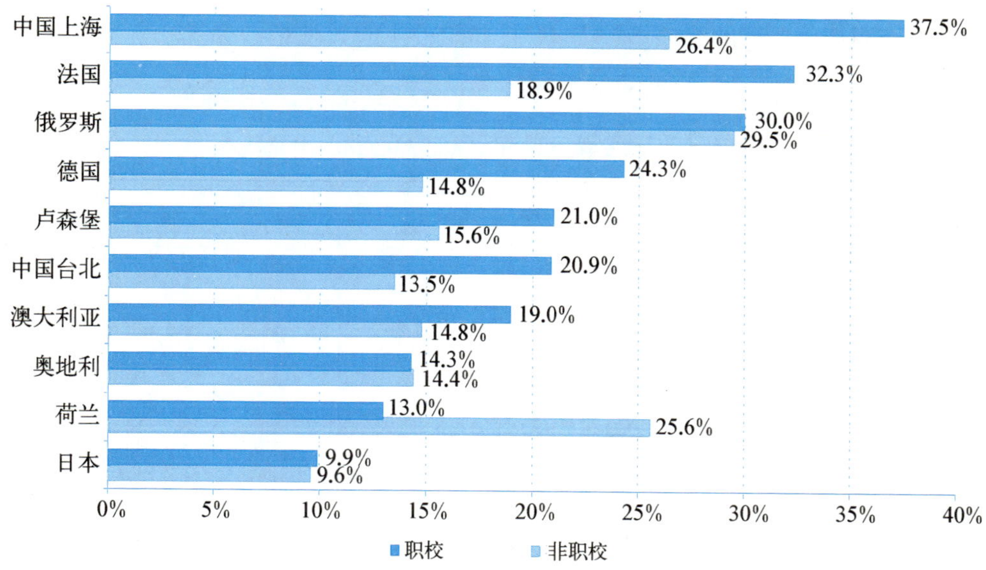

图 2.5　学生中父亲职业是蓝领(低技能)的所占百分比

斯,有超过三分之一的职校生父亲从事简单的体力劳动,如操作工、流水线工人等。上海有超过三分之一(37.5%)的职校生父亲是低技能型的蓝领,对应的社会阶层是第 7 和第 8 层,属下层劳动者。而上海非职校生的该项比例为 26.4%。

综上所述,与非职校生相比,上海职校生父亲职业分类的分布情况是 37.5%

(超过三分之一)从事简单的体力劳动，集中在社会阶层的第 7 和第 8 层，属下层劳动者，从事白领(高技能)工作的比例不到总体的三分之一(29.6%)。与之形成鲜明对比的是，非职校生的该项比例接近 50%。这在一定程度上体现了职业的代际复制。职业教育并未在教育—职业—阶层的路径中发挥促进的作用，而是在一定程度上固化了原有的社会阶层。

2.2.2 家庭成员中最高职业地位指数(HISEI)

PISA 学生问卷还要求 15 岁学生填写父母职业，并根据国际职业标准分类(ISCO-88)对所填写的职业进行编码，最后生成一个家庭成员中(父亲或母亲，按所从事职业地位最高的一方计算)最高职业地位指数(The Highest Occupational Level of Parents)。该指数的平均值越大，则表示职业地位越高。

根据表 2.4、2.5 的数据显示，除日本外，所有国家(地区)职校生父母亲的职业地位最高指数都要低于非职校生。

上海职校生父母的该项指数为 44.4，非职校生的该项指数为 51.1。对其平均值进行进一步比较后，发现两者的差异具有显著性。

表 2.4 职校生父母亲职业地位最高指数(HISEI)

国家及地区	均 值	标 准 差
荷 兰	53.4	15.3
日 本	51.6	15.0
澳大利亚	48.9	14.2
奥地利	48.4	13.8
俄罗斯	48.4	14.9
中国台北	44.4	13.8
中国上海	44.4	15.1
卢森堡	44.3	12.7
德 国	42.5	16.1
法 国	41.2	13.5

表 2.5　非职校生父母亲职业地位最高指数(HISEI)

国家及地区	均　值	标准差
澳大利亚	53.7	16.2
日　本	51.4	17.2
中国上海	51.1	15.5
俄罗斯	50.7	17.2
德　国	50.6	14.5
奥地利	49.6	17.5
中国台北	49.5	14.5
卢森堡	49.3	14.8
法　国	47.7	16.3
荷　兰	42.3	14.8

2.3　职校生家庭成员及结构状况

PISA 问卷除了收集学生父母受教育水平和职业状况之外，还收集了学生其他重要的背景信息，包括家庭结构：学生是来自单亲家庭，还是同很多位直系亲属居住在一起(PISA 设置了家庭结构变量 FAMSTRUC)；移民背景：学生或父母是否在测试国(地区)出生(PISA 设置了移民背景变量 IMMG，反映学生是否具有移民背景)。近年来，职校教师反映目前中职生中单亲家庭的孩子比例在逐年上升，且这些来自单亲家庭的孩子在家庭社会经济背景上都处于不利的位置。本章节将借助 PISA 问卷中的家庭结构变量来实证地考察：与非职校相比，职校生中来自单亲家庭孩子的比例是否更高？这些学生的社会经济背景是否处于不利的位置？家庭结构状况对其成绩的影响有多大？

2.3.1　职校生家庭结构状况

首先，从统计情况看(见图 2.6)，在 15 岁学生单亲家庭所占比例中，上海职校与非职校的差异并不大，百分比差距为 2%。然而在中国台北、德国、澳大利亚和俄罗斯，职校与非职校的该项比例差距则较大。这说明，在上述这些国家(地区)中，与非职校相比，职校中有更多的学生是来自单亲家庭。其次，从单亲

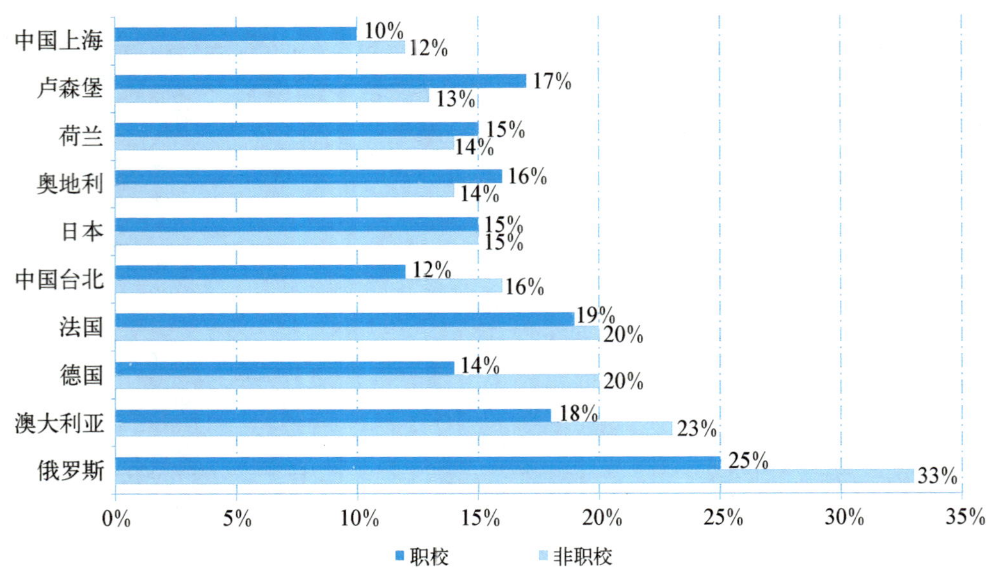

图 2.6 单亲家庭在 15 岁学生中的比例

家庭背景对语文成绩的影响上看，在澳大利亚、中国台北、日本和荷兰等国家（地区），单亲家庭职校生的阅读成绩要比非单亲家庭职校生的差且差异显著。在这些国家（地区），职校生是否来自单亲家庭背景与阅读成绩相关并且显著。然而，上海的情况是，未发现职校生的家庭结构（是否来自单亲家庭）与阅读成绩存在线性相关。出现类似情况的国家（地区）还有俄罗斯、德国、法国等（见图 2.7）。

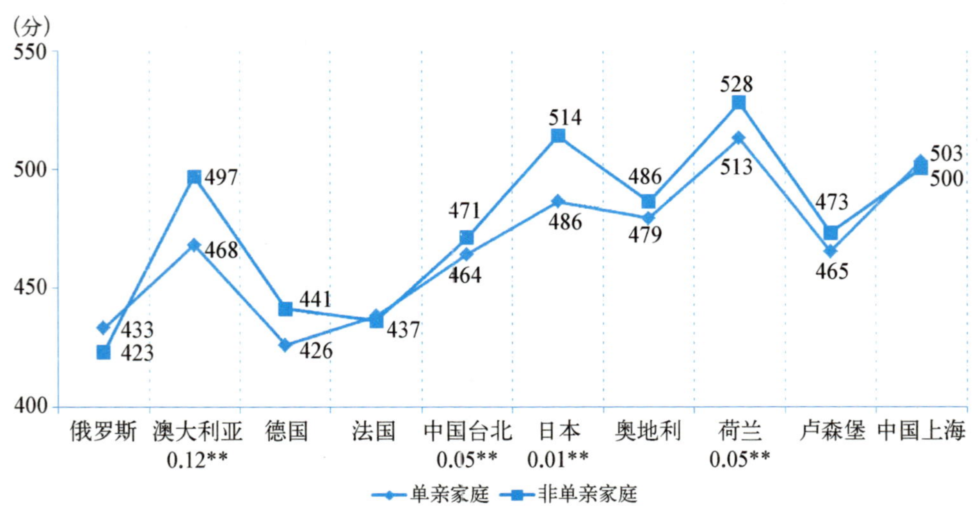

图 2.7 单亲家庭与非单亲家庭在阅读成绩上的差异（职校生）

在数学成绩方面，有更多的国家（地区）呈现出的状况是：是否来自“单亲家庭”对职校生数学成绩的影响显著。如在澳大利亚、德国、中国台北、日本、奥地利和荷兰，来自单亲家庭的职校生的数学成绩明显低于非单亲家庭职校生的数学成绩，且差异显著。而在上海，与非职校生相比，职校生是否来自单亲家庭在阅读和数学成绩上不存在显著差异。

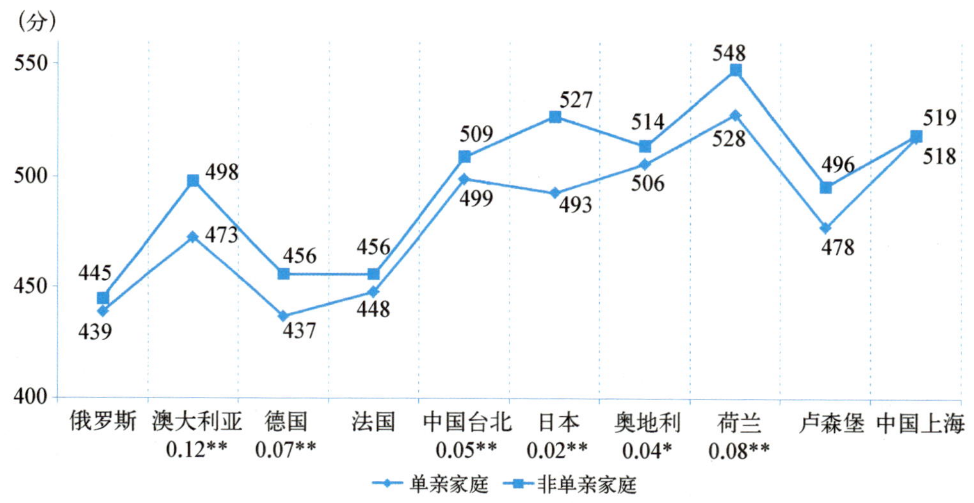

图 2.8 单亲家庭与非单亲家庭在数学成绩上的差异（职校生）

2.3.2 职校生移民背景状况

如何提高移民学生成绩目前已成为各国关注的教育热点问题。过去的十年间，在许多 OECD 国家（地区）中具有移民背景的学生正在以 5%的速度递增。如何适应日益多元化的学生结构，如何促进移民子女的文化融合，如何缩小移民子女与非移民子女间的学业差距，甚至如何提供更多语言种类的课程，这些都对各国家（地区）的教育体系提出了严峻的挑战。PISA 学生问卷对学生的移民背景状态（IMMIG）进行了界定：① 非移民子女（本地学生），即学生或父母任意一方在测试国出生；② 二代移民子女，学生本人在测试国出生，但其父母都在国外出生；③ 一代移民子女，学生及其父母都出生在国外。需要特别说明的是，由于 PISA 对学生移民背景的界定是出于国家的立场，但上海不是一个国家而是中国的一个直辖市。因此，在上海 PISA 2009 的本地样本中对移民背景有新的界定。同样把 IMMIG 这个变量分为三个指标：① 上海本地学生，即学生或父母任意一方在上海出生；② 二代移民子女，即学生本人在上海出生，但其父母都出生在外地；③ 一代移民，即学生和父母都出生在外地。此外，还需要特别说明的是，在上海城市大发展的背景下，“移民”不仅包括从其他省市到上海来打工的外来务工人员，同时还应该包括向其他省市引进或留下的高端人才。

首先从各国(地区)职校生中具有移民背景的比例分布看(见图 2.9)，卢森堡的二代移民子女最多，占 24.9%，其次是德国。澳大利亚和奥地利的该项比例为 10%。从数据显示看，日本和中国台北的职校中几乎没有移民子女。这可能是由于日本或中国台北对“移民”概念有新的界定，但并未反应在所提交的公开的国际数据库中，所以需要查看其本地样本数据才能核实情况。因此在这里不对中国台

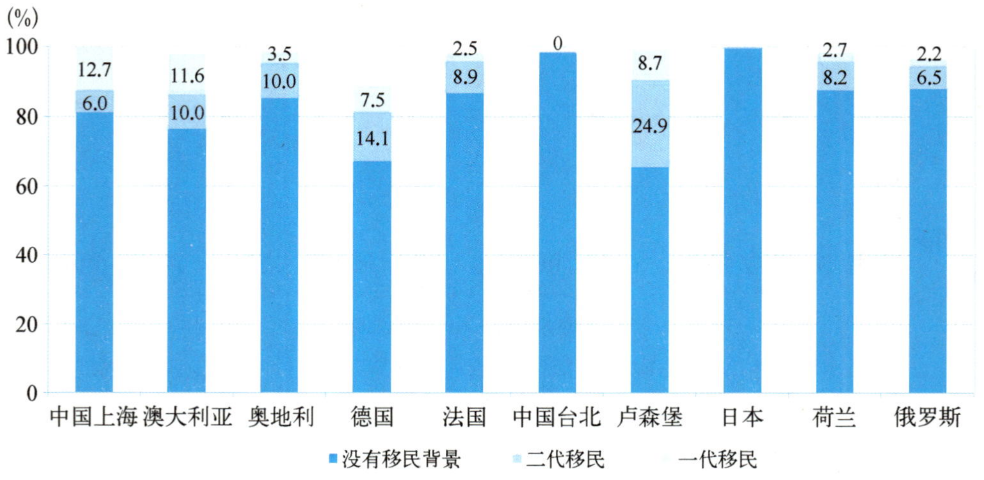

图 2.9　职校生中有移民背景的学生比例

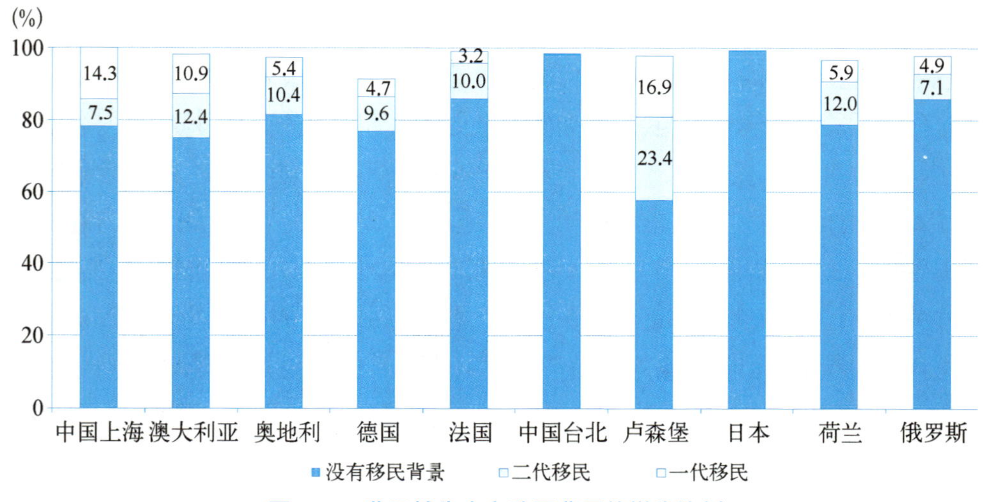

图 2.10　非职校生中有移民背景的学生比例

北和日本进行讨论。一代移民子女比例最多的国家包括澳大利亚(11.6%)和卢森堡(8.7%)。如果把“二代移民”和“一代移民”合计,那么澳大利亚(21.6%)、卢森堡(33.6%)和德国(21.6%)这三个国家职校生中的“移民背景”学生就达20%以上。与这些国家(地区)的非职校相比,澳大利亚(23.3%)和卢森堡(40.3%)、荷兰(17.9%)非职校中具有移民背景学生的比例均大于职校(见图2.10)。而德国职校的该项比例大于非职校(14.3%)。这说明,在澳大利亚、卢森堡和荷兰,非职校中具有移民背景的学生比职校多,而在德国职校中移民子女的数量要比非职校多。

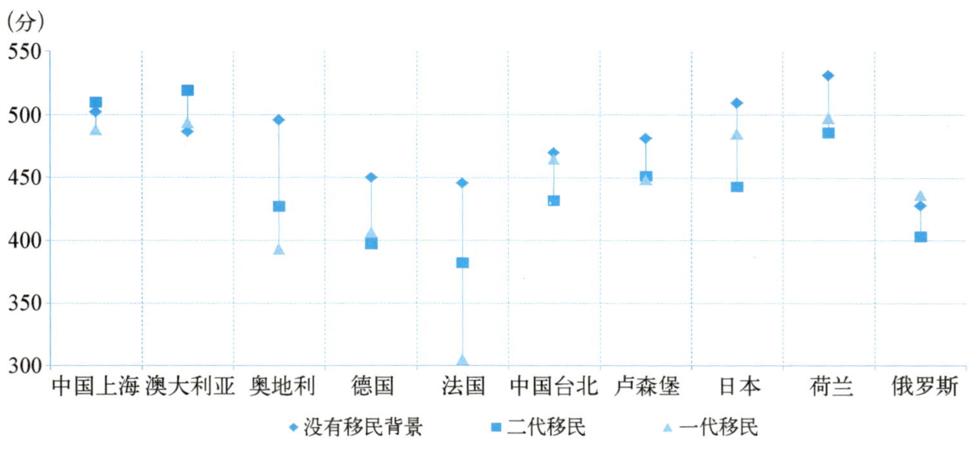

图 2.11　职校生移民背景与阅读成绩的关系

中国上海的情况是,外来人口子女在非职校的比例要比职校多。在职业学校,外来人口子女(包括一代和二代)的比例为18.7%,而非职校的该项比例为21.8%。仔细分析外来人口结构发现,无论是在上海的职校还是非职校,一代移民,即学生本人和父母都出生在外地的,所占的比例要更大。但从成绩看,上海二代移民(二代外来务工)子女的阅读和数学成绩要明显优于一代和上海本地职校生。在上海职校,二代移民子女的阅读成绩比一代移民子女高22分,比上海本地学生高8分;他们的数学成绩比一代移民子女高31分,比上海本地学生高20分。二代移民职校生成绩优于一代移民和本地职校生的情况还出现在澳大利亚。

从世界范围看,在所比较的其他国家和地区中,比较主流的现象是本地职校生的成绩要明显优于一代和二代移民子女的成绩,如奥地利、德国、法国、卢森堡和荷兰,尤其是法国和奥地利。在法国的职业学校中,本地学生的阅读成绩比二代移民子女高63分,比一代移民子女高140分。因此对于这些国家(地区)而言,缩小职校中移民子女与本地学生之间的成绩差距是亟待解决的问题。然而,俄罗斯是个

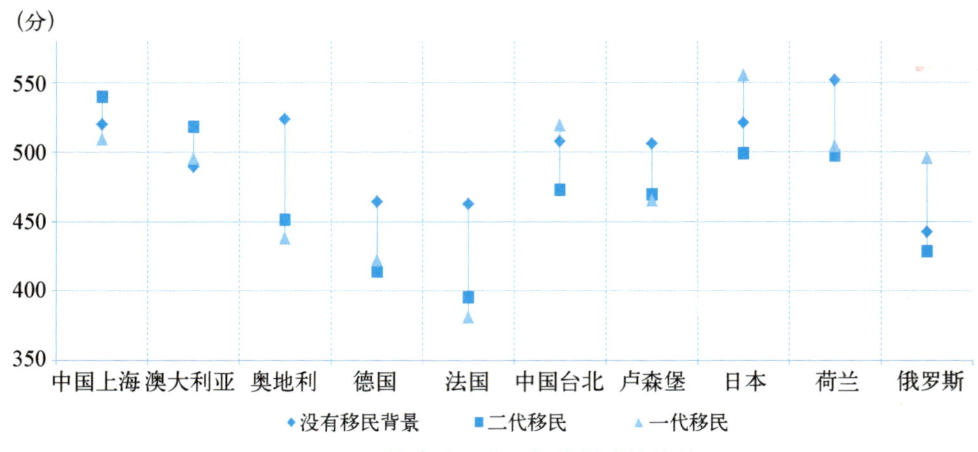

图 2.12　职校生移民背景与数学成绩的关系

例外。无论是阅读还是数学成绩，俄罗斯具有一代移民背景的职校生的成绩都要优于二代和本地学生。在中国上海和澳大利亚，二代移民的表现十分优秀，但这是否与这些学生的家庭社会经济背景有关呢？关于这一点的深入分析会在下面展开。

2.4　职校生家庭社会经济背景指数的综合影响

自 20 世纪 60 年代以来，学生家庭社会经济背景与其学业成绩之间的关系是教育学家、社会学家和心理学家们的研究热点。在教育社会学领域最早、也最有影响力的系统研究是美国教育社会学家科尔曼和他的同事(Coleman, et. al., 1966)基于对美国 5 个年级 64.5 万名学生所做的调查报告。报告认为，在各种因素中，家庭背景因素对学生成绩差异最具有解释力。此外，校内同伴对学生的成绩也具有显著影响，而学校因素在减小学生学业成绩差异上所起的作用很小。科尔曼报告挑战了有关学校和教育的传统观念，对政府、学校和学术界产生了巨大的影响(Mosteller & Moynihan, 1972)。PISA 测试结果也证实了科尔曼报告观点的客观性。根据 PISA 2009 结果显示，上海学生家庭社会经济背景对其成绩差异的解释率为 17.7%，而 OECD 国家平均水平为 22.1%。根据本章节前面部分对 PISA 2009 有关学生家庭社会经济背景等细分指标的计算和分析，我们发现在所比较的国家(地区)中，与当地非职校做对比，职校生父母的职业地位、受教育程度、家庭结构等都不具有优势。PISA 在综合了上述相关指标后，构建了一个描述学生家庭社会经济状况的综合指数，即学生家庭社会经济地位指数 ESCS。该指数的平均值为0,标准差为1。该指数是PISA研究影响学生学业成绩的重要因素的基础之一,也是比较各国教育体系均衡程度的重要测量指标之一。PISA的重要贡献在于将学生父母的职业、受教育水平和家庭财富状况等指标综合起来,合成出该指数。ESCS将帮助我们把学生个人和家庭层面的因素与学校制度层面的结构因素,甚至是国家教育体系层面的制度因素结合起来,进而分析学校教育在社会分层或社会阶层流动中所起到的作用。

2.4.1 各国(地区)职校生ESCS平均值比较

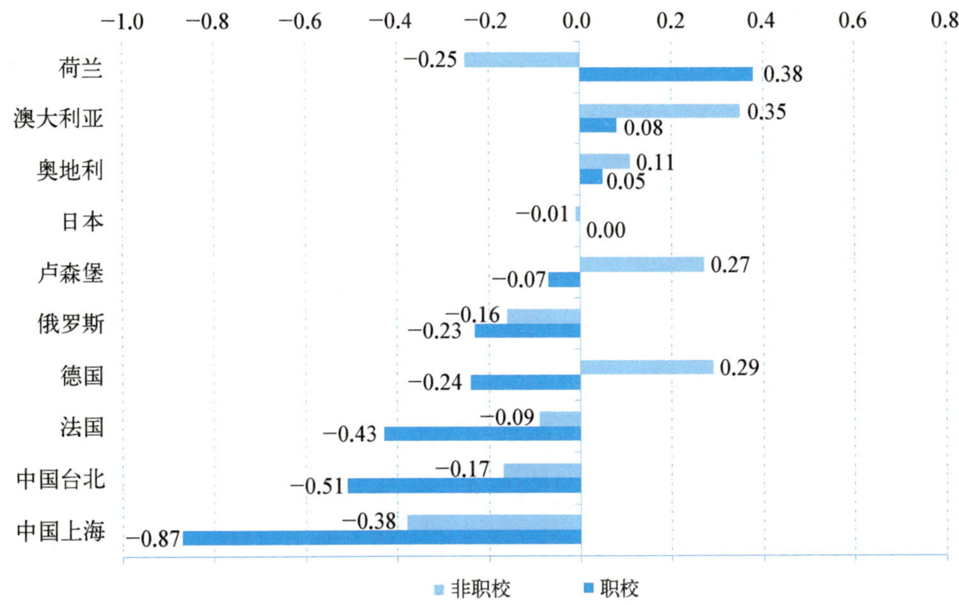

图2.13 学生ESCS指数平均值(职校与非职校)

职校生生源质量差除了因为职校生文化基础比较薄弱之外,还由于他们的家庭社会经济背景与非职校生相比并不占优势。在上海PISA 2009测试中,上海职校生的家庭ESCS指数平均值为-0.87,比上海非职校生的家庭ESCS指数(-0.38)低并且具有显著差异。上海职校生的ESCS指数位居比较国家(地区)的最后一位。除荷兰之外,其余国家(地区)的职校生ESCS均低于非职校生。结合职校生的阅读成绩分析后发现:

中国上海是唯一一个职校生阅读成绩高于OECD平均水平(含职校生与非职校生),但职校生家庭社会经济ESCS指数值却处于偏低位置的国家(地区)。

虽然荷兰与日本职校生的成绩都比上海高,但这两个国家职校生的家庭社会经济背景要明显比我们的职校生优越。

在日本，职校生与非职校生的 ESCS 指数几乎没有差距。

2.4.2 职校生中不同群体的 ESCS 指数分析

2.4.2.1 单亲家庭学生的 ESCS 指数比较

根据 PISA 2009 数据结果，在所抽样的职校生样本中，来自单亲家庭的学生比例为 12%，与非职校生相比差异并不大。对职校中单亲家庭孩子的 ESCS 指数作进一步分析后发现：

第一，上海职校单亲家庭学生与非单亲家庭学生在家庭社会经济背景上并不存在显著差异。

第二，在中国台北（单亲家庭 -0.67，非单亲家庭 -0.47）、澳大利亚（单亲家庭 -1.12，非单亲家庭 0.15）、奥地利（单亲家庭 -0.07，非单亲家庭 0.06）和荷兰（单亲 0.19，非单亲 0.41），单亲家庭学生的比例较高，并且这些学生的 ESCS 指数平均值低于非单亲家庭的学生，差异十分显著。这说明这些国家（地区）职校中单亲家庭学生的家庭社会经济背景处于更为不利的位置。

第三，在德国、法国、日本、卢森堡和俄罗斯，虽然单亲家庭学生的 ESCS 指数低于非单亲家庭，但差异不显著。

2.4.2.2 具有移民背景学生的 ESCS 指数比较

在上海职校生中，本地学生的比例为 81.2%，一代移民子女（学生及其父母都出生在外地）占 12.7%，二代移民子女（学生本人在上海出生，父母出生在外地）占 6%。但二代移民子女的成绩要明显好于一代移民子女和本地学生。从二代移民子女的家庭经济社会背景指数的平均值看，略高于本地学生，但差异不显著；比一代移民子女高出 0.5，并且差异显著。这说明上海职校生中的二代移民子女，其父母的职业地位和受教育程度都要明显比一代移民子女的父母占优势。因此二代移民子女的成绩相对较好也与他们较好的家庭背景有关。

然而在法国、奥地利、德国、中国台北、荷兰等国家（地区），二代移民子女（职校生）的 ESCS 指数均比一代移民和本地学生的低且差异显著。而在这些国家（地区）的职校里本地学生的阅读和数学成绩都明显比二代移民和一代移民子女优秀（见图 2.11 和图 2.12）。这与他们的家庭社会经济背景是分不开的。

2.4.2.3 在家使用测试语言[①]的学生的 ESCS 指数比较

PISA 数据结果显示，在家也使用测试语言的学生要比在家不使用测试语言的学生的成绩高。比如,新加坡15岁学生使用英语完成PISA测试,数据发现在家里与父母用英语进行交流的学生,其阅读成绩要比那些在家用母语(如汉语)的学生高。在许多国家(地区),能够使用英语或当地官方语言进行日常生活交流的孩子往往来自精英家庭。而移民家庭中有很大一部分孩子不在家中使用当地的官方语言或测试语言。PISA数据结果证实了使用测试语言对阅读成绩和数学成绩是具有促进作用的(如图2.14)。

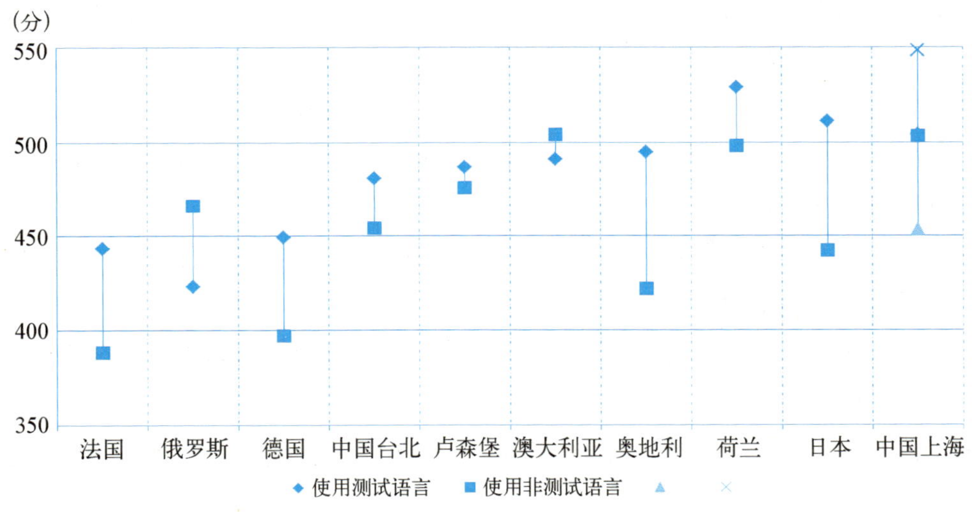

图2.14 职校生使用语言情况与阅读成绩的关系

做进一步的数据分析后发现,在弗拉芒语(Flemish)区国家,如荷兰、卢森堡、奥地利,有接近三分之一的具有移民背景的职校生在家中使用其他语言(非测试语言),他们的ESCS指数显著低于那些在家使用测试语言的学生。从PISA 2009的抽样数据看,卢森堡职校中移民子女占33.6%,其中72.4%的学生在家使用其他语言(非测试语言)且他们的ESCS指数显著低于在家使用测试语言的学生的ESCS指数(前者为-0.92,后者为-0.04);在荷兰,职校中具有移民背景的学生比例为10.9%,其中36.1%的学生在家使用其他语言,他们的ESCS指数也显著低于那些在家使用测试语言的学生;在奥地利,具有移民背景的职校生比例为13.5%,其中57.4%的学生在家使用其他语言,其ESCS指数与在家中使用测试语言的职校生相比差异显著。而在澳大利亚、德国和法国,并未发现这两类职校生群体在ESCS指数上的显著差异。

根据PISA 2009国际数据库中有关上海的数据,上海卷的测试语言为“汉语”,包括“普通话”“上海话”和“其他汉语方言”。因此,我们无法区分来自中国其他省市、在上海定居或暂住的流动或外来人口，也无法开展相关的实证研究。

2.5 结语

教育系统需要弱化社会经济背景对学习结果的影响。职业教育面对的现实是：在第一次分流以后，社会经济背景已经发挥了强大的作用，大部分 ESCS 指数偏低的学生已经分流到职教系统。“职校生”已被固化为“特定群体”。在所进行比较的 10 个国家(地区)中，除奥地利、澳大利亚、荷兰和日本之外，其余的国家(地区)的职校生的 ESCS 指数都低于 OECD 平均值 0。这说明，从国际范围看，职校生仍然是一个在社会经济分层中相对处于劣势的群体。在澳大利亚、奥地利、荷兰、日本、德国，ESCS 指数对职校生阅读成绩的解释率都接近 10%，对阅读成绩的影响也在 40 分左右。可见，我们需要在综合考虑生源质量和职校生家庭社会经济背景因素下，正确、理性地解读职校生 PISA 成绩。

如果以 OECD 平均的学生阅读成绩和学生家庭社会经济背景对阅读成绩的影响作为参照，在考虑 ESCS 指数的情况下，部分国家(地区)职校生的综合表现如图 2.15。如学生 ESCS 指数对成绩的影响高于 OECD 平均值，表示教育均衡程度

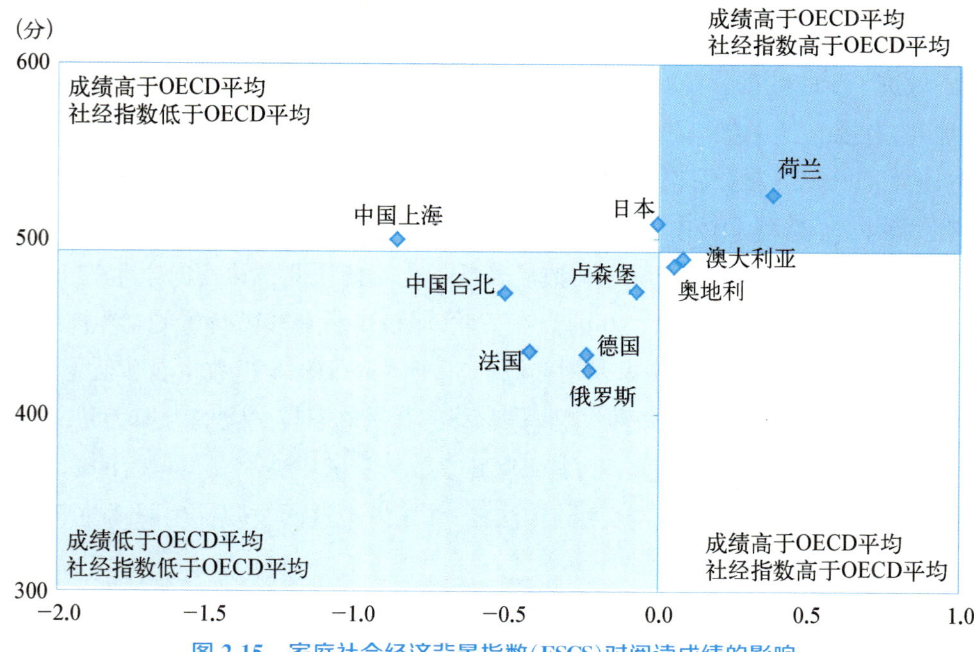

图 2.15 家庭社会经济背景指数(ESCS)对阅读成绩的影响

较低;低于 OECD 平均值,表示教育均衡程度较高。表 2.6 中的回归系数则显示,在不考虑其他因素的情况下,ESCS 指数增加一个单位,学生阅读成绩的变化(分数)。系数越大,说明学生家庭社会经济背景对学生成绩的影响就越大。综合上述表格并结合数据,我们发现:

表 2.6 职校生 ESCS 指数与阅读成绩的关系

国家及地区	相关系数	回归系数(对成绩的解释率)
中国上海	.147**	10.5(2.2%)
中国台北	.213**	21.6(4.5%)
澳大利亚	.292**	40.1(8.5%)
奥地利	.323**	40.8(10.4%)
法国	.032(不显著)	W
德国	.331**	33.1(10.9%)
日本	.322**	45.4(10.4%)
卢森堡	.201**	15.9(4.1%)
荷兰	.321**	31.6(10.3%)
俄罗斯	.196**	21.2(3.9%)
OECD 平均		38 分

几乎所有比较的国家(地区)职校生的 ESCS 指数都与阅读成绩显著相关。

与非职校生相比,职校生 ESCS 指数对阅读成绩的影响相对小一些。

在所比较的 10 个国家(地区)中,中国上海职校生的 ESCS 指数对阅读成绩的影响最小。这说明,与 OECD 平均相比,职业教育均衡程度相对较高。而在澳大利亚、奥地利和日本,职校生 ESCS 指数对阅读成绩的影响已经超过 OECD 平均水平。

3. 职业学校背景特征与资源投入状况

“什么样的学校称得上是成功的学校?”PISA 测试给出了这个问题的答案：学生成绩高于 OECD 平均,并且家庭社会经济背景因素对成绩影响最小。如果一所学校里的学生能满足上述条件,那么这所学校称得上是成功的。我们也想利用 PISA 测试结果和问卷信息收集数据来寻找所谓的“成功”职业学校。但 PISA 测试的对象是 15 岁学生,测试的目的是检验各国(地区)基础教育的质量。所以把这些职校生的成绩与职业学校的质量进行直接的关联是不合适的。但职业学校的特征以及对资源的投入状况将作为一组背景变量,对职校生的生源及其未来的素养水平产生间接的影响。除此之外,我们还希望通过 PISA 问卷所采集到的各国(地区)有关职业学校的特征信息及学校资源投入的状况,对职业教育在学校层面的国际比较提供素材与实证的依据。

3.1 学校特征变量的国际比较

学校,作为一个组织,其组织特征与学校的平均成绩之间是具有相关性的。①学校特征的调查通常利用 PISA 2009 的学生、校长和家长问卷来获取学校背景信息。学校特征的背景指标包括：学生社会经济背景(学校平均值)、学校所在地理位置、学校属性(公办或民办)、学校竞争性等。这些变量之间的关系将在本书最后一章的多层模型的分析中综合讨论。需要特别说明的是,学校的 ESCS 指数,即所在学校学生 ESCS 指数的平均值,也会在综合分析中讨论。

3.1.1 学校所处位置

根据 PISA 2009 国际数据库,把学生所在学校的地理位置按照人口规模划分

① OECD (2010). PISA 2009 Results: What Makes a School Successful? RESOURCES, POLICIES AND PRACTICES VOLUME IV, Paris: Organization for Economic Co-operation and Development.

为农村(人口规模不到 3 000),小型乡镇(人口规模 3 000 到 1.5 万),一般乡镇(人口规模 1.5 万到 10 万),中小型城市(人口规模 10 万到 100 万),大型城市(人口规模超过 100 万)。依据此种分类和数据结果,我们可以获得所比较国家(地区)职校生就读职校所处的地理位置及其在乡村、乡镇(小乡镇和一般乡镇)和城市(中小型城市和大型城市)中的分布情况。需要说明的是,由于法国缺少这部分内容的 PISA 2009 数据,所以无法进行进一步的实证研究。

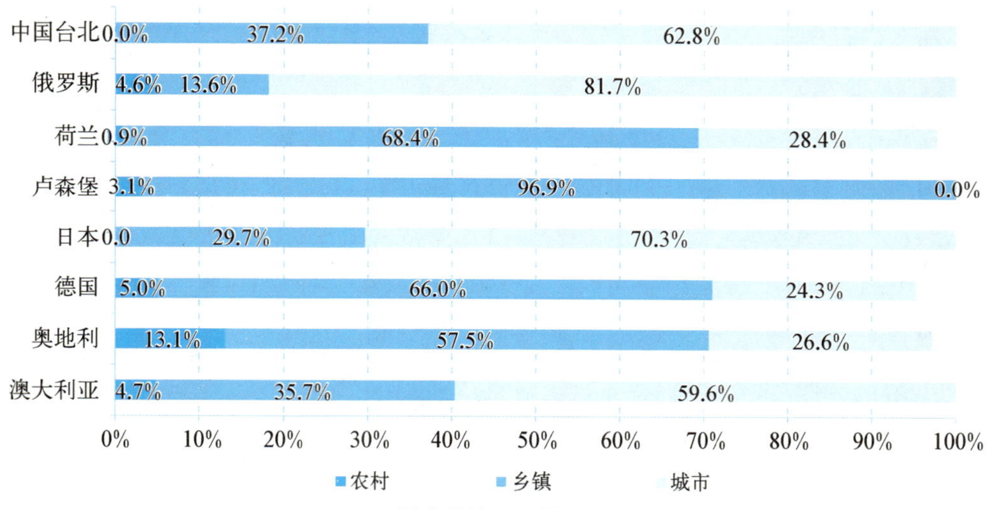

图 3.1 学生就读职业学校所在位置

从分布情况看,2009 PISA 抽样到的职校生只有很少来自农村的职业学校,他们大都在城镇或城市上学。

3.1.1.1 大部分职校生在位于乡镇的职校就读的国家(地区)

德国有 66.0%的职校生在位于乡镇的职校就读,奥地利和荷兰的该项比例分别为 57.5%和 68.4%。可见,德国、卢森堡、奥地利等欧洲国家大部分学生在位于乡镇的职校就读。从成绩看,这两个国家在位于乡镇的职校就读的学生的阅读和数学成绩都要比在位于农村的学校上学的职校生高,并且略高于在城市上学的职校生。而在澳大利亚、中国台北和俄罗斯,大部分学生分布在位于城市的职业学校中。

3.1.1.2 大部分职校生在位于城市的职校就读的国家(地区)

从阅读成绩看,在澳大利亚、日本、荷兰、俄罗斯和中国台北,在城市上学的职校生的成绩要好于在乡镇和农村的职校生。特别是在俄罗斯和日本,职校生阅读成绩的城乡差别很大。在俄罗斯,在城市上学的职校生的阅读成绩要比在乡镇上学的职校生高出51分，比在农村上学的职校生高出98分。同样，职校生在数学成绩上也存在一定的城乡差异。在大多数国家(地区)，在城市上学的职校生的数学成绩都要比在乡镇和农村上学的职校生高。这说明，从国际范围看，职校生的生源质量存在一定的城乡差距。中国台北在这方面的差距并不大。这说明在中国台北，职校生的生源质量在城镇和城市间的分布比较均衡。

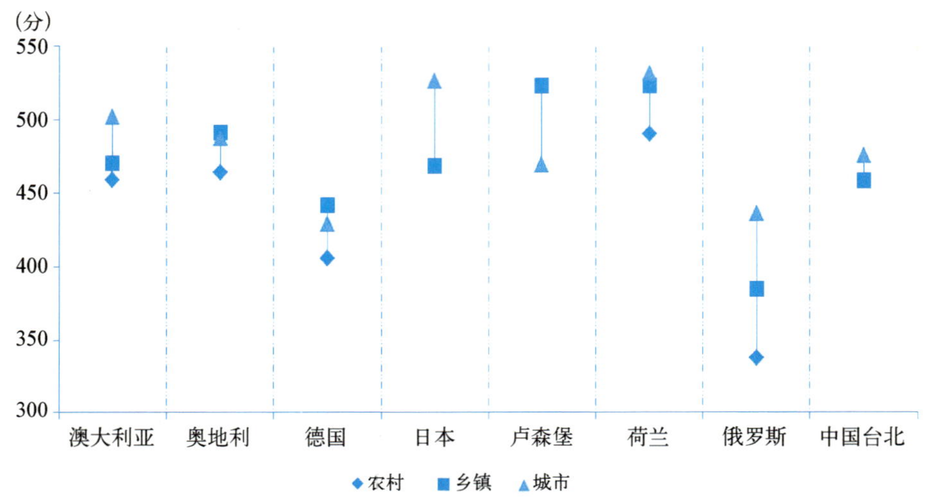

图3.2 学校所在位置与职校生阅读成绩的关系

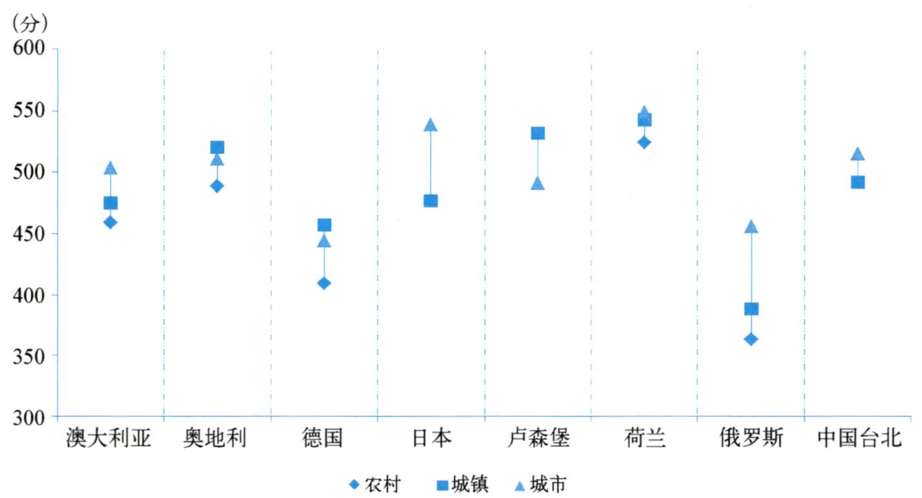

图3.3 学校所在位置与职校生数学成绩的关系

根据PISA 2009上海本地样本数据，职校在地理位置上的分布情况是：8.3%的职校生在位于乡镇的学校上学，37.7%的职校生在位于郊区城镇的学校上学，

54.1%的职校生在位于中心城区的学校上学。从职校生的成绩看,在位于中心城区职校上学的职校生,其阅读成绩比在位于郊区城镇和乡镇职校就读的职校生分别高出15分和30分。数学成绩也比后两者分别高出22分和44分。这说明,在上海,职校生的生源质量存在一定城乡差距。

3.1.2 学校竞争性(School Choice)

学校在生源上的争夺是对"择校"现象普遍性的一种反映。竞争激烈对于学校而言,是促进其进行教学改革、体制创新的外在驱动力。PISA 2009学校问卷中,通过收集校长对"同一个地区与该校争夺生源的学校数目"所反馈的信息来反映学校面临的竞争压力。

从上海职校校长的回答看,71%的职校校长反映在同一区域要面临两所及以上的学校抢夺生源,21%的职校校长反映面临一所学校的竞争。根据OECD标准,面对2所及以上学校竞争的百分比在75%—95%之间的学校属于竞争过度的学校系统。依据此标准,澳大利亚、日本、荷兰、中国台北等国家(地区)的职校系统都属于竞争过度的类型。而在德国、奥地利,职校面对的竞争性压力相对温和。在所比较的国家(地区)中,俄罗斯职业学校的竞争性压力最小,只有13%的校长表示面对两所及以上学校的竞争,45%的校长表示面对一所其他学校的竞争,47%的校长则表示没有竞争。

与非职业学校相比,在中国台北、荷兰、中国上海和卢森堡,职校要面对更多来

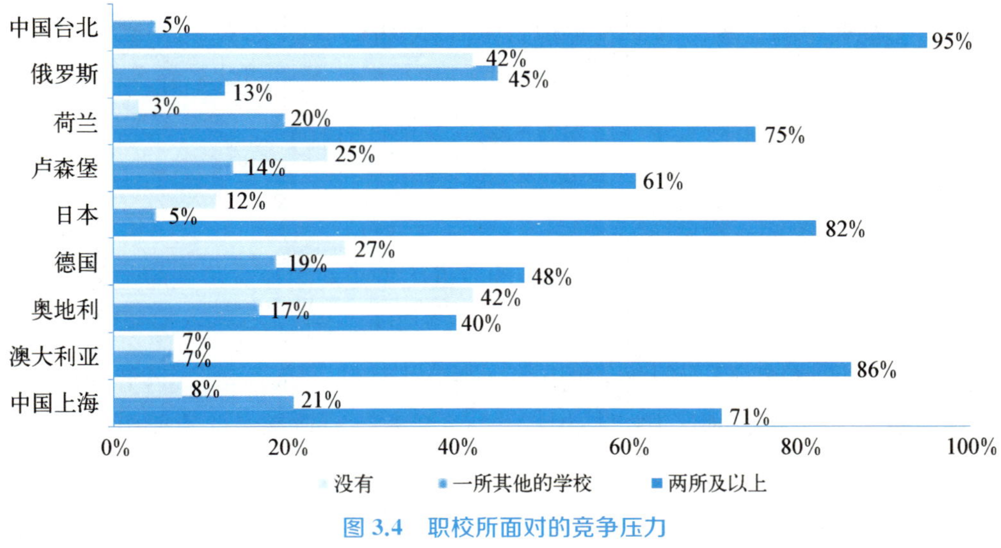

图3.4 职校所面对的竞争压力

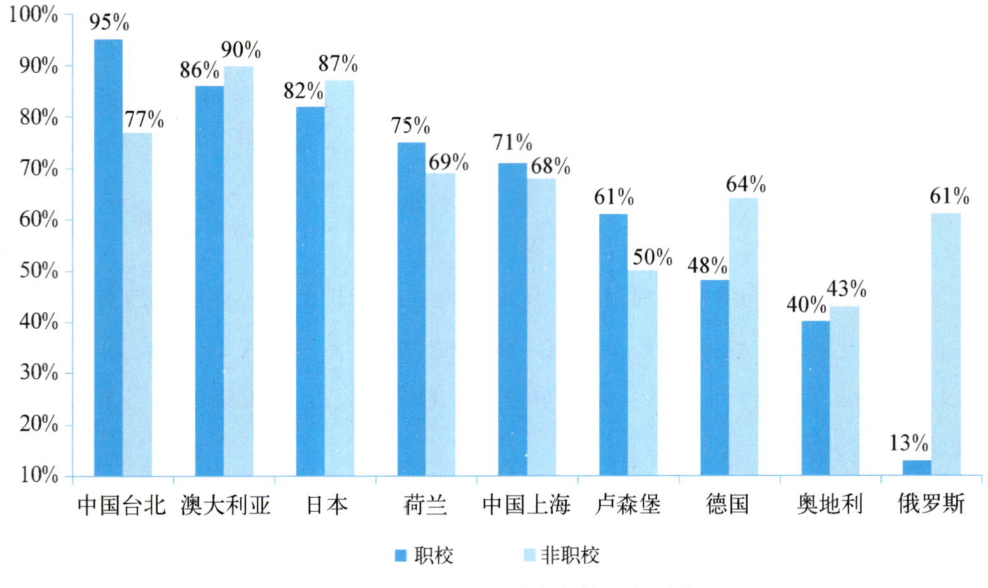

图 3.5 职校与非职校竞争性压力对比

自两所以上学校的竞争性压力。在澳大利亚、日本、奥地利，职校与非职校面对的竞争性压力在程度上差别不大。俄罗斯是个特例。只有 13%的俄罗斯职校表示要面对来自两所及以上学校的竞争性压力，而非职校的该项百分比为 61%，差距非常大。这说明，在俄罗斯，与非职校相比，职业学校的竞争性压力不大，外部驱动力不足。做进一步的相关性分析可以发现，澳大利亚、德国、日本等国家(地区)职校的竞争性压力与学生阅读成绩呈显著相关——竞争性压力越大，学生阅读成绩就越好。而在中国上海、俄罗斯和奥地利等国家(地区)的职校，竞争性压力也与学生阅读成绩呈显著相关——竞争性压力越大，学生的阅读成绩越不好。在中国台北和荷兰，并未发现职校竞争性压力与阅读成绩具有相关性。

3.1.3 学校属性：公办/民办

根据 OECD 报告，公办和民办学校的所占比例是对学校竞争性的一种反映。民办学校比例超过 52%的国家(地区)，就被视为学校间存在激烈的竞争。在上海 PISA 2009 所抽样的 33 所职业学校中无一所是民办的，全部都是公办的。但在可进行比较的其他国家(地区)的职校中，民办学校却是职业教育的重要组成部分。职业学校办学成本较高，需要投入的力度较大。这些国家(地区)存在相当数量的民办学校充分说明了职校间存在着较大的竞争，且办学模式市场化的程度也较高。

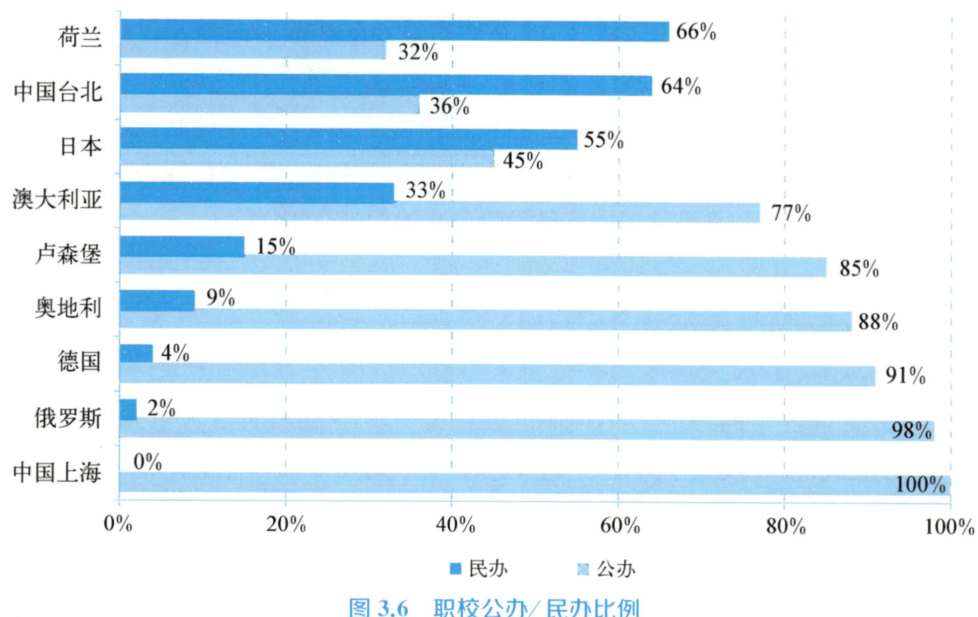

图 3.6 职校公办/民办比例

从图 3.6 可以看出，在进行比较的国家（地区）中，荷兰、中国台北、日本的民办学校比例偏高。在上述这些国家（地区），民办与公办的职业学校各占半壁江山。比较学校属性与学校竞争性的相关性后发现，如果职校中民办的比例越高，那么所在国家（地区）的职业学校就要面对更大的竞争性压力。学校属性（公办/民办）与学校竞争性压力呈相关，并且达到显著性水平。俄罗斯职校的民办百分比很低，所以该国的职业学校所面对的竞争性压力也相对较小。

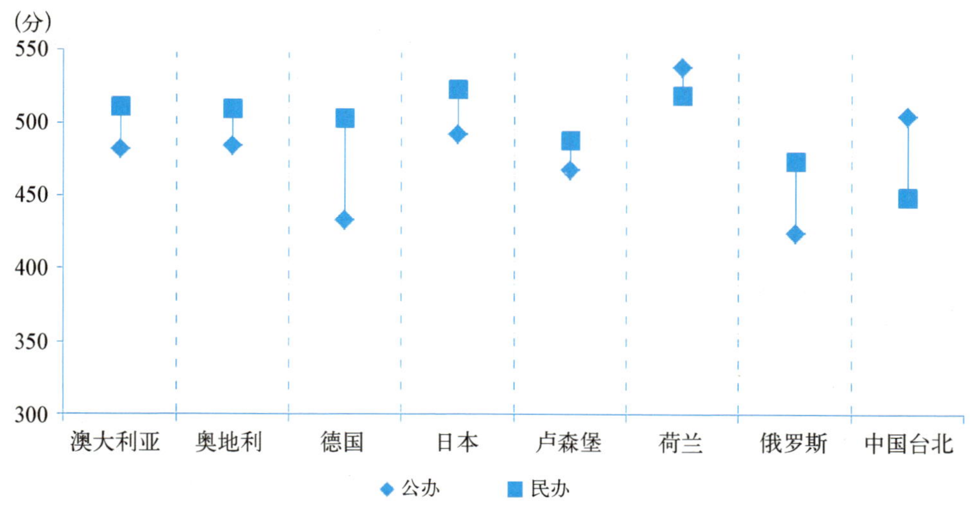

图 3.7 学校属性与职校生阅读成绩的关系

但从学校属性对职校生阅读成绩的影响看，PISA 2009 数据结果发现，在一些职校民办比例较高的国家（地区），如荷兰、中国台北，公办职校生的成绩反而要比民办职校的学生好；而在民办学校比例偏低的国家（地区），如奥地利、俄罗斯和德国，民办职校学生的阅读成绩要比公办职校的高。在 PISA 2009 国际数据库中，上海职校的公办比例为 100%，所以无法做进一步的实证分析。

3.2 学校资源投入状况的国际比较

职业教育是一种需要高投入保障的教育类型，教学过程需要大量先进、完备、仿真的设备设施，以及配套的实习实训场所。即使在办学规模相等的情况下，也需要得到比相应阶段普通高中教育更多的经费支持，才能保证其正常运转。在发达国家，以法国巴黎学区为例，职业高中的生均成本是普通高中的 3 倍左右；在发展中国家，以马来西亚为例，职业学校学生的单位成本是普通学校学生的 4 倍。近年来，上海市政府已连续几年加大对中等职业教育的投入。本部分将利用 PISA 2009 数据，对所选取的国家（地区）的职业学校的一些关键性资源指标进行比较，综合反映上海职业学校资源配置在国际范围中的水平位置。

3.2.1 学校人力资源指标

3.2.1.1 学校生师比均值

学校师生比是学校学生人数与教师人数的比率，反映在某特定教育层次上每位教师平均负责教育的学生人数，这是衡量教学质量的一个重要参数。PISA 将学生（男女）总人数除以学校全体教师的人数得出生师比，并在计算中对兼职教师做了 0.5 的加权处理，对全职教师做了 1 的加权。

PISA 2009 结果显示，上海职业学校总体的生师比水平为 23.3，即平均下来大约 23 名学生配备 1 名教师。这一比例在所选取进行比较的国家（地区）中排列倒数第一。生师比最低的国家是卢森堡和奥地利，1 名教师平均负责 9 名学生的教育。这说明，上海职业教育还需要加大对师资队伍建设的投入，提高生师比例，实现高质量的教学。值得注意的是，如果与各国（地区）非职校进行比较会发现，上海职校与非职校在生师比上的差异很大。在上海的非职校平均一名教师带 12 名学生，但一名职校教师就要带 23 名学生。这说明在教师数量上普职存在差异，需要进一步吸引更多的教师加入职业教育。

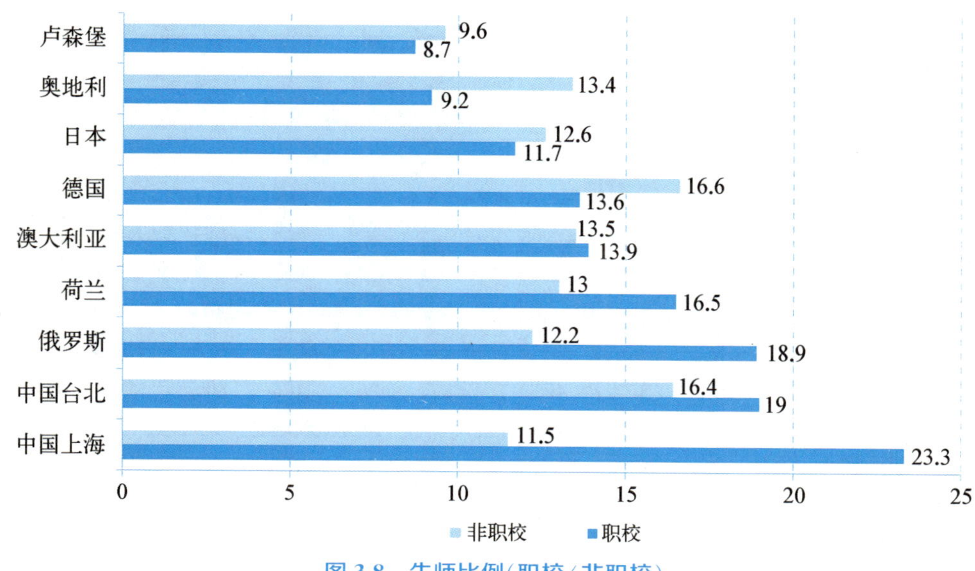

图 3.8 生师比例(职校/非职校)

3.2.1.2 师资队伍质量状况

首先,持资格证的教师比例。教师资格证应该是学校每一名专职专任教师必须持有的入职资格证书。教师资格证的持有情况直接反映一所学校办学的规范性。由于各国(地区)的计算方法有出入,PISA 对持证资格教师的计算公式是持证教师人数/全体教职工人员。可见,全体教职工人员不仅包括专任专职教师,还包括校外兼职人员和学校行政人员。因此,每所学校的资格证的持有率不可能达到 100%。尽管如此,PISA 数据库中的持资格证的教师比例仍然能在一定程度上反映国家(地区)职业学校办学的总体规范程度和教师素质状况。从数据结果看,大部分国家(地区)职业学校教师的持证率都在 95%以上,俄罗斯、澳大利亚和日本达 98%以上。在所比较的国家(地区)中,卢森堡只有 74%的职校教师持有资格证。中国上海和德国的该项百分比为 95%。

第二,具有本科及以上学历的教师比例。学历结构是对教师整体素质的一种综合反映。从教师学历结构看,与其他国家(地区)相比,荷兰、奥地利和卢森堡的职校教师中具有本科及以上学历的数量并不多。其中,荷兰和奥地利的该项百分约为 50%。从图 3.9 看,综合教师学历结构和持证情况,日本、俄罗斯、澳大利亚、德国和中国上海的职校教师师资质量较好。

3.2.1.3 师资短缺指数

教师是支持学习最为重要的资源。针对语文、数学、科学和其他学科教师及教

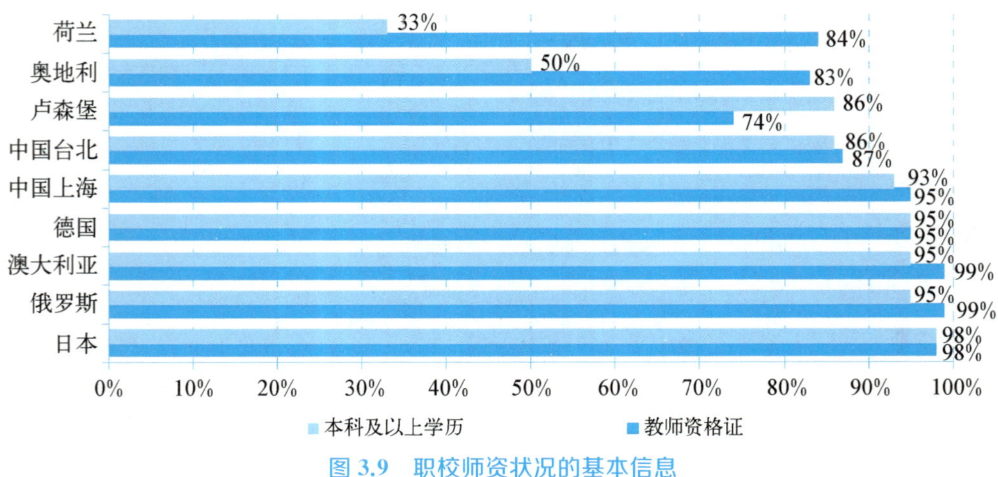

图 3.9　职校师资状况的基本信息

学辅助人员的缺乏在多大程度上影响学校教学这一问题，PISA 构建了师资短缺指数。该指数的平均值为 0，标准差为 1，该指数越大说明师资短缺程度越严重。

根据 PISA 2009 数据结果显示（见图 3.10），上海职校的师资短缺指数为 0.38，师资短缺的程度要好于卢森堡、泰国、澳大利亚、荷兰和德国。在所进行比较的国家（地区）中，最不缺乏职校师资的国家是日本，该指数为 – 0.59。可见，上海职业教育还需多关注职校的师资短缺情况，缩小与日本、中国台北和奥地利等国家（地区）的差距。

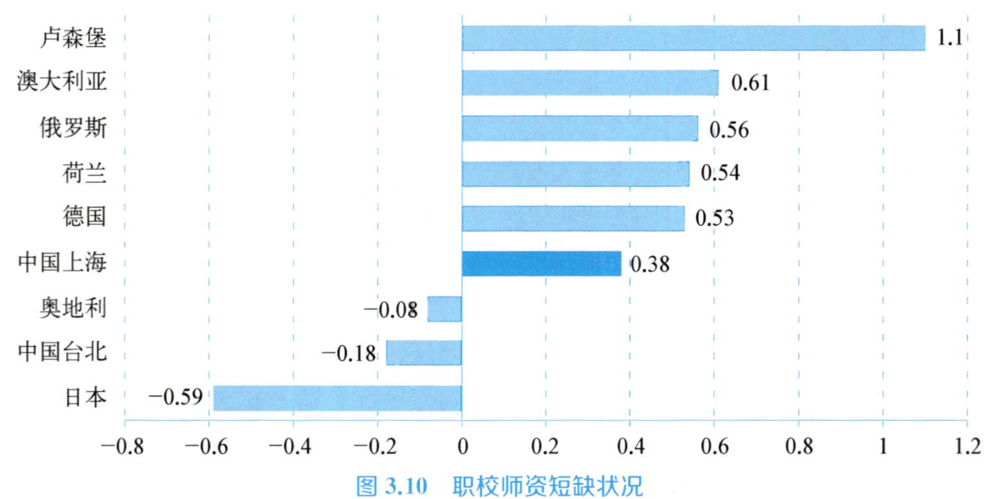

图 3.10　职校师资短缺状况

3.2.1.3.1　公办/民办职校的师资短缺状况

结合所比较国家（地区）的公办和民办职业学校的比例看，出现不同程度的师资短缺状况，具体可以分为两类情况讨论：第一，在公办职校比民办职校多的国家（地区），如俄罗斯、德国、奥地利和卢森堡，民办学校的师资短缺程度要明显好于公办学校；第二，在民办职校比公办职校多的国家（地区），如荷兰、中国台北、日本等，公办职校的师资短缺状况要略好于民办职校，但两者差距并不大。尤其是在日本、荷兰，公办职校与民办职校的师资短缺状况差异不大。

3.2.1.3.2　从学校所处地理位置看师资短缺状况

在大部分职校位于乡镇的国家（地区），如荷兰、卢森堡、德国和奥地利等，乡镇的师资短缺情况要比农村和城市的严峻。在俄罗斯，有 81.7%的职校分布在城市，但这些职校的师资短缺情况非常严峻。相比之下，俄罗斯农村地区职校的情况要好很多。在所比较的国家与地区中，日本职校的师资紧缺状况最不严峻，并且农村与城市几乎没有差异。

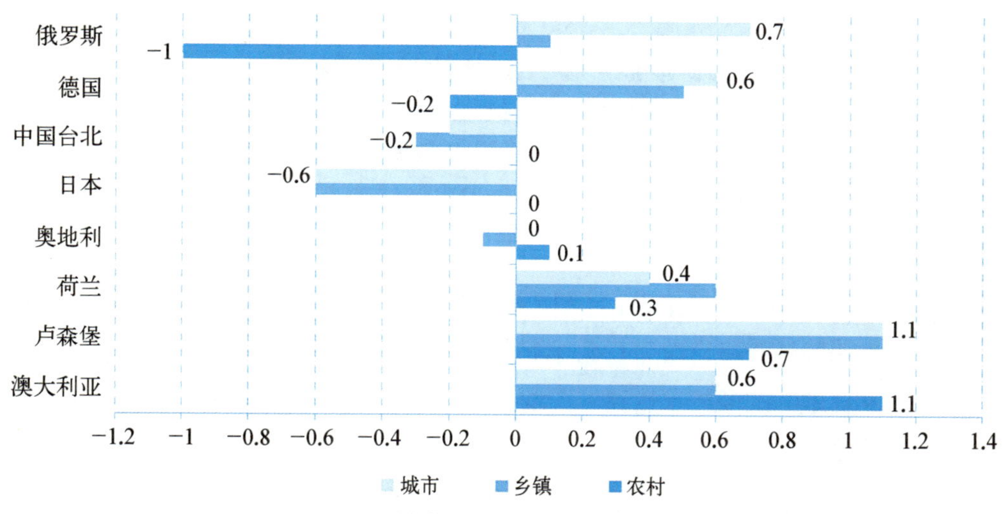

图 3.11　城乡间的师资短缺状况（职校）

上海的情况是，位于乡镇地区的职校其师资紧缺状况要好于郊区城镇和中心城区。根据 PISA 2009 数据，有 37.7%的职校生在位于郊区城镇的学校上学，郊区职校师资短缺指数为 0.78；有 54.1%的职校生在位于中心城区的职业学校上学，中心城区职校师资短缺指数为 0.25。相比之下，位于上海郊区的职校师资短缺状况最严峻，并且与农村和中心城区相比差异显著。

3.2.2　物力资源指标

PISA 2009 主要从计算机配备及网络连接状况和教学资源投入质量这两个方

面综合描述学校物力资源投入的总体情况。

3.2.2.1　学校计算机数量生均比(The Index of Computer Availability, IRATCOMP)

该指数(比例)等于学生可使用的用于教学的计算机总台数(校长对题目 SC10Q02“大约有多少台计算机供这些学生在学习时使用”的回答)除以所处主体年级 15 岁学生的总人数(校长对 SC10Q01“贵校九年级或高一年级共有多少学生”的回答)。

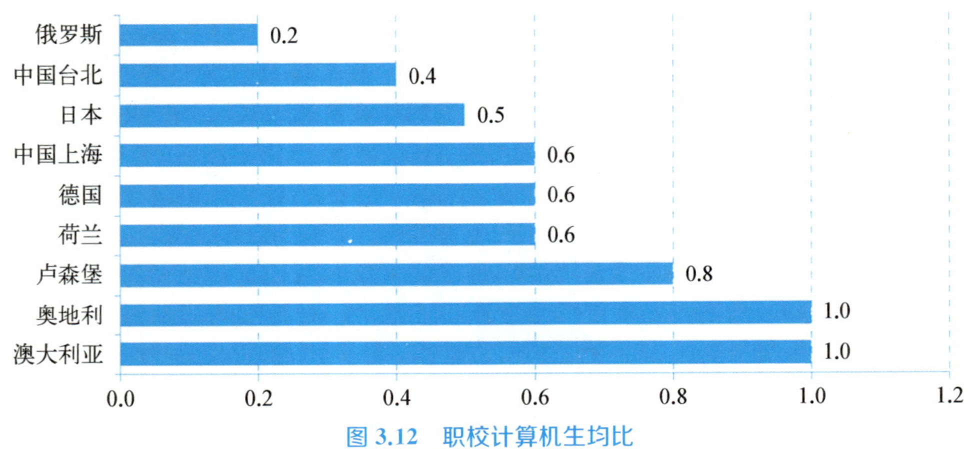

图 3.12　职校计算机生均比

根据 PISA 2009 数据结果,上海职业学校总体的计算机生均比为 0.6,即每名学生能够使用的计算机台数为 0.6,不足每人 1 台。在进行比较的国家(地区)中,澳大利亚和奥地利的职校都达到了人均 1 台的水平。上海职业教育有必要进一步加大对职业学校计算机供应的投入。

3.2.2.2　可上网计算机数量指数(The Index of Computers Connected to the Internet,COMPWEB)

该指数(比例)等于主体年级 15 岁学生可用于上网的计算机总台数(校长对题目 SC10Q03“大约有多少台计算机能上网”的回答)除以他们可使用的用于教学的计算机总台数(校长对题目 SC10Q02“大约有多少台计算机供这些学生在学习时使用”的回答)。与上海总体水平进行比较,职业学校的该指数比不上上海普通中学。在职校,用于教学的计算机中有 84% 的电脑可上网。这一比例低于上海总体水平。

在所进行比较的国家(地区)中,上海职校的该指数水平位列倒数第四,落后于卢森堡、澳大利亚、荷兰、德国、奥地利、中国台北和日本。上述国家(地区)的生均

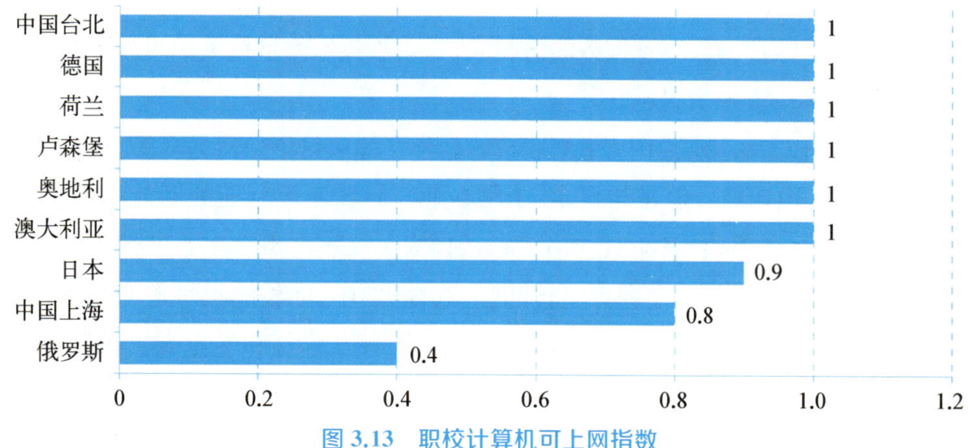

图 3.13　职校计算机可上网指数

可上网指数接近 1，即平均每名学生能够在教学中使用 1 台可上网的计算机。可见，在上海，需要加大对职业学校计算机网络、信息化普及的投入力度。

3.2.2.3　学校教学资源质量指数(Index of Quality of Schools' Educational Resources, SCMATEDU)

依据校长对所在学校教学能力受阻看法中有关教育资源质量影响因素的回答① 理科实验室设备短缺或不足；② 教材，如教科书短缺或不足；③ 教学用的计算机短缺或不足；④ 能上网的计算机短缺或不足；⑤ 教学用的计算机软件短缺或不

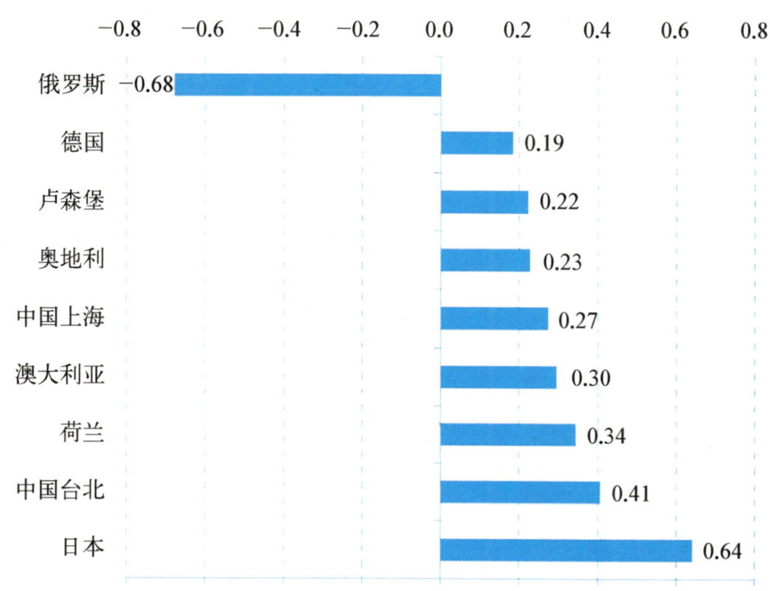

图 3.14　职校教学资源质量指数比较

足；⑥ 图书馆资料短缺或不足；⑦ 视听资源短缺或不足，PISA 2009 构建了“学校教育资源质量”综合指数。该指数的值越大，表明校长认为学校资源对教学能力的影响越小，即学校资源状况越好。

在进行比较国家(地区)中，上海职校的教学资源质量指数值为 0.27，尽管已高于上海总体水平(0.16)，但是与日本、中国台北、荷兰、澳大利亚的职业学校相比，还有一定差距。若将该指数的数值分为 4 组，依次计算每组学生的阅读平均成绩后可以发现，除了荷兰外，在进行比较的国家(地区)中，职校的教学资源质量指数与学生阅读成绩呈显著正相关。随着指数的增大，学生成绩也在提高。在日本，该指数最高，即教学资源质量最好的四分之一的学校，其学生的阅读成绩比该指数最低四分之一学校的学生高出了 47 分。上海职校的该项成绩差距是 17 分。然而，在荷兰和俄罗斯，职校的教学资源质量指数与学生阅读成绩呈显著负相关。可见，教学资源质量对于学生成绩的提高有很大的作用。因此，有必要进一步加大对职业学校教学资源的投入力度。

3.2.2.4　公办/民办职校的教学资源质量状况

结合所比较国家(地区)的公办和民办职业学校的比例看，除中国上海(公办学校比例 100%)和中国台北外，其余国家(地区)的民办职校在教学资源质量上都要优于公办职校。尤其是在公办职校比例高的国家(地区)，如俄罗斯、德国、奥地利和卢森堡，民办职校的教学职业质量指数高于公办职校。尤其是卢森堡，民办职校的教学资源质量指数为 1.34，而公办职校的该项指数仅为 0.02。

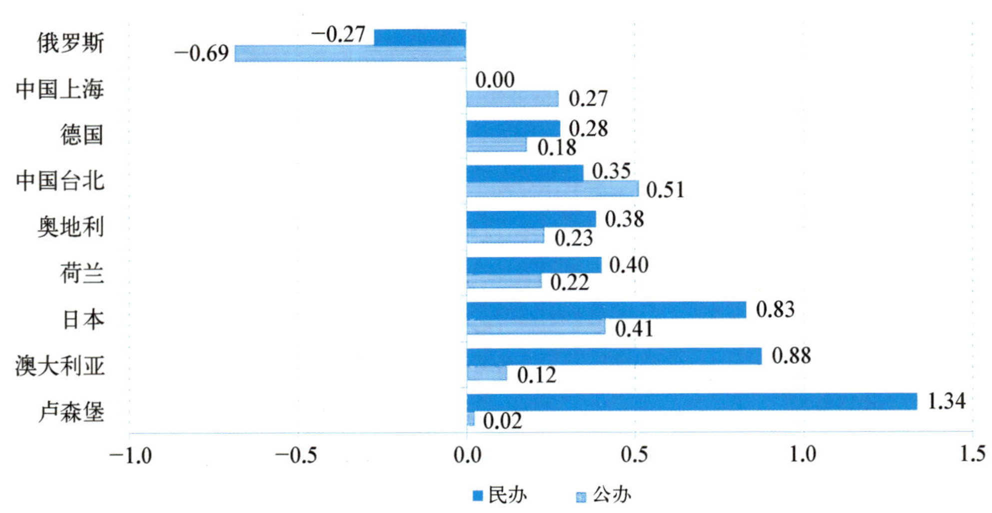

图 3.15　公办/民办职校教学资源质量状况比较

3.2.2.5 从学校所处地理位置看教学资源质量状况

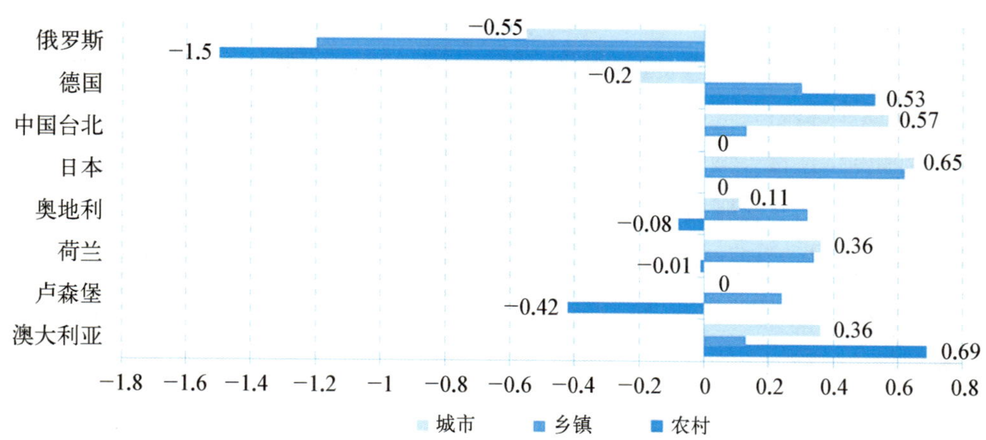

图 3.16 城乡间的职校教学资源质量状况比较

从职校所处地理位置来看，在大部分国家(地区)，城市的职校教学资源质量要明显比农村和乡镇地区的好，如俄罗斯、中国台北和日本。然而，在德国，农村地区职校的教学资源质量反而好于城市，并且差异显著。教学资源质量城乡间差异最小的国家是日本。

上海的情况是：位于一般乡镇的职业学校的教学资源质量指数为 0.78；位于郊区中心城镇(中型)的职业学校，该指数为 0.77；位于郊区中心城镇(大型)的职业学校，该指数为 −0.79；而在中心城区的职校，其教学资源质量指数为 0.34。综合来看，位于郊区中心大型城镇的职业学校的教学资源情况最不理想，该指数平均值低于位于郊区中心中型城镇的职校，并且差异达到显著水平。位于中心城区的职校，教学资源质量指数为 0.34，低于位于一般乡镇和郊区中心城镇(中型)职业学校。这说明，位于中心城区的职业学校的教学资源质量状况比位于郊区中心城镇和一般乡镇的水平差得多。

表 3.1 上海职业学校教学资源质量状况(按所在区域比较)

选　　项	统 计 值	学校教学资源指数	学生数量	学校数量
1. 一般乡镇	MEAN	0.78	102	3
2. 郊区中心城镇(中型)	MEAN	0.77	184	6
3. 郊区中心城镇(大型)	MEAN	−0.79	201	6
4. 中心城区	MEAN	0.34	605	18

借助 PISA 学校问卷，我们对参加上海 PISA 2009 测试的 33 所职校的学校资源和自主性状况进行了调查，并与其他各国(地区)进行了比较。总体来看，上海职校的资源配置状况并不差，但与日本、荷兰、澳大利亚等发达国家相比仍然存在相当的差距。比如，日本职校师资短缺状况并不严峻，并且城乡差距不明显。在计算机配置和网络连接方面，上海职校的这两项指数都位于中下游水平。可见，需要切实推进职校的信息化建设。此外，在师资方面，上海职校的生师比为 23.3，位列 12 国(地区)中的倒数第二；师资短缺指数为 0.38，落后于卢森堡、荷兰和德国等国。因此，需要加大对职教师资队伍建设的力度，提高生师比，实现小班化教学，提升教学质量并且缓解师资短缺的压力。

3.2.3 管理投入指标

3.2.3.1 学校领导力水平

在学校管理中，校长处于关键的位置，其需要从不同方面影响学校的教育教学和政策实施。PISA 中的学校领导力并不是指校长一个人的领导力水平，而是泛指整个学校核心管理层的领导力水平，包括校长、副校长等。学校领导力是一所学校管理水平的综合体现。例如，通过制定学校教师发展计划，校长可以影响学校教师的专业发展，保证教师专业发展与学校教学的目标一致性；通过对教师和课堂的监控，校长可以调整学校教学目标，影响纪律风气和教师、学生课堂行为。PISA 2009 调查了校长在学校管理方面的情况，要求校长回答在上一学年进行 14 项涉及学校管理方面活动的频率。这些活动可以划分为教师工作及专业发展、学生学业成绩

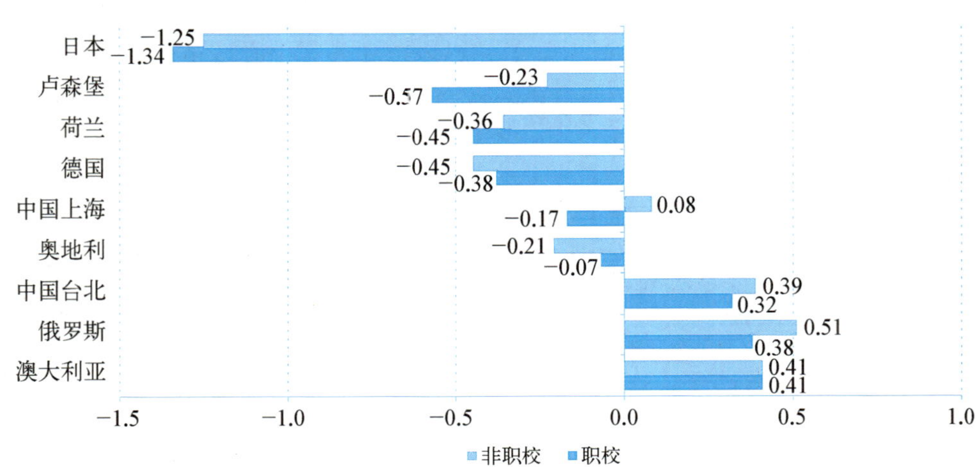

图 3.17 职业学校校长领导力指数比较

监控、课堂活动管理以及与教师合作四个主要方面，涵盖了校长在学校管理中的主要职责。根据校长回答，PISA 构建了“校长领导力指数”(LDRSHP)。该指数的 OECD 均值为 −0.02，指数越大说明校长领导力越强。需要特别说明的是，该指数反映的是校长对其工作的自我评价。

如果以 OECD 平均值为标准看，大部分国家(地区)的职校校长的领导力水平并不突出。与非职校相比，大部分的职业学校校长对自己工作的评价较低。中国上海的情况是，非职校的校长领导力指数为 0.08，职校校长领导力指数为 −0.17，经检验后发现差异显著。再依据上海本地样本做进一步分析，尽管没有发现校长领导力指数与学生阅读成绩存在相关性，但该指数在学校类型上存在显著差异。完中的校长领导力指数最高，中职校长的该指数最低。这在一定程度上说明，职校校长对自己的工作评价并不高，所以应加强对他们的业务培训，从而塑造他们的专业自信。

3.3 学校组织与管理的国际比较

对于学校的组织与管理(The Governance of School)，PISA 2009 主要从学校自主性及竞争性对学校的总体管理状况进行描述。其中，竞争性的描述围绕两个方面展开：第一，学校与他校在争夺生源上的竞争激烈程度，即同一区域与该校竞争的学校比例；第二，民办学校的所占比例。这两项指标已在本章节前面的部分被提及。对自主性的描述集中反映校长或教师在学校资源分配和课程与评价上的职权范围。根据 OECD 对学校“自主性”的描述，学校自主性指的是把更多的责任移交至学校层面，把更多的选择权、自主权交给学校。学校自主性状况反映的是：首先，在工作范围内相关利益者，如校长、教师等与各级教育行政部门间的关系；其次，学校自主性状况体现的并不是校长一个人的自主性发挥，而是整个学校中层干部、教师群体，甚至是家长和社区对学校发展的积极有效配合。PISA 2009 学校问卷通过采集校长观点，分别从学校资源分配和课程、教学与评估两个方面来反映学校的自主性状况，并根据校长所报告的信息构建了两个相应的指数：“学校资源分配责任指数”(Index of School Responsibility for Resource Allocation)和“学校课程与评价责任指数”(Index of School Responsibility for Curriculum and Assessment)。这两个指数的 OECD 平均值为 0，标准差为 1。指数越大则表明学校领导及教师具有越多的自主性。

3.3.1 职业学校资源分配责任状况

在学校问卷中，PISA 2009 收集了校长对选聘教师、解聘教师、确定教师的起薪、确定教师的加薪、编制学校预算、确定学校内部预算这六个方面的报告情况，合成了“学校资源分配责任”指数。该指数越大，表明学校领导及教师对上述事务具有越多的自主性。从指数情况看，上海职校的该指数平均值为 1.26，低于荷兰，在所进行比较的国家与地区中位列第二。德国的该项指数平均值最低，仅为 - 0.63。这说明，上海职业学校在对教师招聘及甄选、薪酬的制定和校内预算编制上具有较大的自主性。这在一定程度上体现了上海职业教育办学及管理模式上的灵活性。

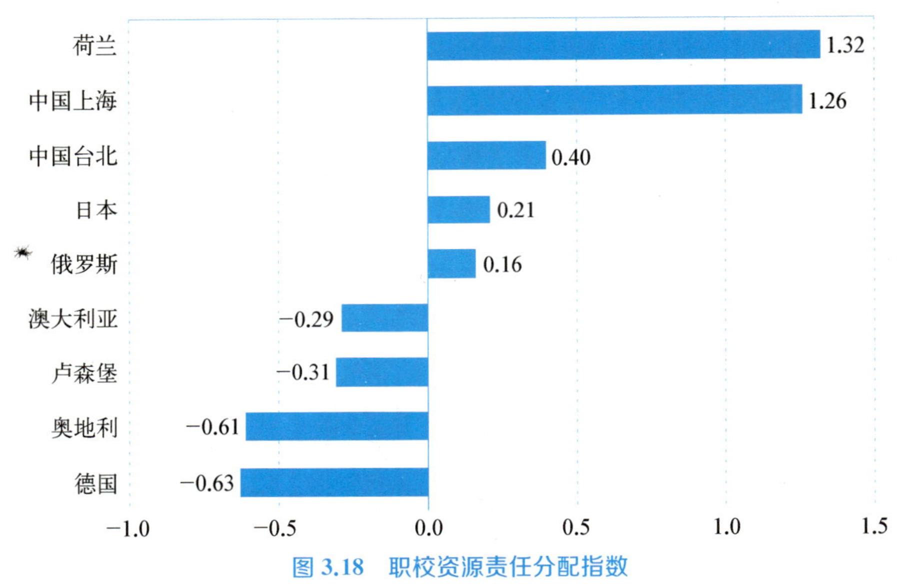

图 3.18 职校资源责任分配指数

若将该指数的数值分为 4 组，依次计算每组学生的阅读平均成绩后可以发现，在大多数国家（地区），随着学校的自主性提高，学生成绩也在提升，但各个国家（地区）上升的幅度各不相同。也就是说，在资源分配责任指数最低的四分之一的职业学校，即在资源分配上自主性最小的学校，其学生的成绩与该方面自主性最大的学校（最高四分之一）的学生成绩之间的差距，每个国家（地区）的情况是不同的。尽管上海职业学校的学校资源分配责任指数较高，但它对学生成绩的影响并不大。同样的情况还出现在荷兰，但荷兰学生的平均成绩处于高位，要比上海职校生的成绩高。但在其他国家（地区），如俄罗斯、日本和澳大利亚，最高四分之一与最低四分之一学校的学生成绩差距较大。这说明，在这些国家（地区），职业学校在资源分配责任上的自主性程度对成绩有较大影响，提高学校自主性会促进学生学业成绩的大幅提高。而在印尼和中国台北，学校自主性越大其学生的成绩反而越低。

3.3.2 职业学校课程与评价责任状况

在学校问卷中，PISA 2009 收集了校长对制定学生评价政策、选择教材、决定课程内容、决定开设的课程这四个方面的报告情况，合成了“学校课职业学校课程与评价责任指数程与评价责任”指数。该指数越大，表明学校领导及教师对上述事务具有越多的自主性。该指数的 OECD 平均值设为 0，标准差为 1。从指数情况看，上海职校该指数的平均值为 0.59，低于日本和荷兰。在上海，与非职业学校（普通中学）比较，职校在课程与评价方面具有较大的自主性。上海普通中学以及上海总体的该指数是负值。但与其他国家（地区）的职业学校相比，上海职校在此方面的自主性并不算大。在所进行比较的国家与地区中，除德国、奥地利和卢森堡之外，其他国家（地区）的该项指数均为正值。这充分说明了职业教育的特殊性。而在德国等国家（地区）的职业教育办学模式要求学校严格依据行业标准或资格框架进行课程的开设、教材的选择及对学生进行评价。因此，在这些国家（地区），职校的自主性并不大。

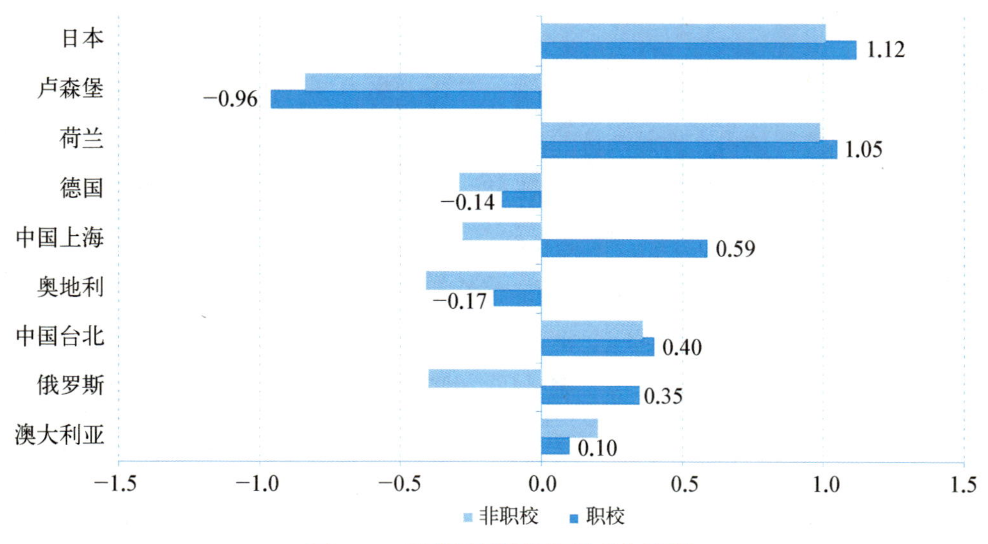

图 3.19 职业学校课程评价责任指数

若将该指数的值分为 4 组，依次计算每组学生的阅读平均成绩后可以发现，学校自主性越大并不一定会使学生的成绩提高。上海职校的情况与日本类似，在课程与学生评价上具有最大自主性的四分之一的学校，其学生的成绩与自主性最低的四分之一学校的学生相比，几乎没有差距。而在德国、奥地利、印尼、俄罗斯，该指数对成绩波动的影响较大。尤其是德国，学校自主性越大，学生成绩越低，自主性最高的四分之一与最低的四分之一的学校学生成绩差距是 54 分。

3.4 结语

学生和学校间的资源分布是导致学习机会出现不公平的首要潜在因素。对于一个在教育资源上分布均衡的教育体系而言，学校资源的质量及数量不会与其社会经济背景有关联。所有的学校都享有同等的资源。因此，如果学校和学生的社会经济背景与学校资源的数量和质量的关系是正向的，那么就表示处于优势背景的学校能够得到更好的资源。反之，负向关系则说明，处于劣势的学校能够获得更多、更好的资源。如果不构成关系则表示无论学生的社会经济背景处于优势或劣势，教育资源的在学校的分布是均衡的。

3.4.1 生师比

大概有接近一半的 OECD 国家(地区)，生师比与学校社会经济背景的关系是正向的。换句话说，处于劣势的学校会为每名学生配备更多的教师。这种正向的关系在澳大利亚、日本和荷兰的职业教育体系中尤为明显。这说明，上述这些国家(地区)的职业教育体系在教师资源的配置上向处于劣势的学校倾斜。而在中国台北、卢森堡和奥地利，情况则相反。中国上海的情况是：职校的生师比与学校的社会经济背景不相关。这说明，在职业教育内部，无论学生社会经济背景如何，师资配备是均衡的。但是如果与非职校的生师比进行比较，会发现这种均衡只是教育体系中的“低位均衡”。PISA 2009 结果显示，上海职业学校总体的生师比水平为 23.3，即平均大约 23 名学生配备 1 名教师。而在上海的非职校，平均一名教师只带 12 名学生。这说明我们需要进一步加强教育资源，尤其是师资配备对职业教育的倾斜。

3.4.2 教学资源质量

除俄罗斯和荷兰外，几乎所有国家(地区)的教学资源质量指数与学校社会经济背景的关系是正向的，并且达到显著性水平。也就是说，越是处于优势的学校，会拥有越多的教学资源,且对教学的阻力会越小。同时也说明,越是处于劣势的学校,教学资源越会相对不足,且对教学能力产生越大的阻力。从这一点看,物质方面的教育资源并未向职业教育倾斜。

3.4.3 师资短缺状况

师资短缺指数越大,则表明师资短缺状况越严重。除日本、荷兰和中国上海外,其余的国家(地区)的师资短缺指数都与学校社会经济背景的关系呈显著正相关。这说明,在上述国家(地区)的职业教育体系内部,学生社经背景越是处于劣势的学校,其师资短缺状况就会越严重,反之亦然。而在中国上海、日本和荷兰,由于师资短缺指数与学校社会经济背景并不具有相关性,说明这些国家(地区)的职业教育体系内部并未对处于劣势的学校在师资投入上有所倾斜。无论是与非职校还是职业教育内部比较,这些国家(地区)都需要在师资方面进一步加大投入的力度。

表 3.2 职业学校社会经济背景与学校资源的相关性分析

国家/地区	与生师比	与教学资源质量指数	与师资短缺指数
澳大利亚	.13*	.25**	−.2*
奥地利	−.10**	.06**	−.09**
德 国	不相关	.21**	−.21**
日 本	.41**	.30**	不相关
卢森堡	−.27**	.09**	−.19**
荷 兰	.31**	不相关	不相关
俄罗斯	不相关	−.29**	.6**
中国台北	−.33**	.31**	−.15**
中国上海	不相关	.08**	不相关

4. 学习环境与学校风气对学习的影响

从本书第一章内所述的上海职校生在 2009 PISA 测试的总体表现看，尽管职校生在阅读、数学和科学成绩上与上海总体水平相比，仍然存在一定的差距，但从国际范围看，上海职校生的基本素养均超过 OECD 平均水平(含职校生与非职校生)。这表明，我们的职校生并没有想象中的那么差，他们极可能成为未来打造“中国制造”的优秀产业工人。与上海基础教育所面临的挑战一样，上海职业教育同样也面临着追求质量与均衡发展，突破瓶颈，实现内涵式发展的历史机遇。尤其对于职业教育而言，“质量”并不代表学生的考试成绩，而是指对能力的培养。这就要求职教体系从过度追求学生学业成绩转向追求人的全面发展。《上海市中长期教育改革和发展规划纲要(2010—2020 年)》已明确指出，上海职业教育必须应对经济社会发展的新需要，围绕“为了每一名学生的终身发展”这一核心理念，做精、做特、做强职业教育，从而为经济转型和社会进步输送知识型、发展型技能人才。①规划明确指出，现代职业教育体系的质量不仅要体现在就业有优势、升学有机会，更要落实到终身学习有基础上。

“学会学习”或“学习过程”本身正在逐渐取代“知识与技能”，成为新的学习目标。而学习的产物并不是“死”的知识和那些脱离了情境的技能，而是学习技能的掌握，如批判性思考、反思、创造力和态度等。什么样的学习环境才能促使学生学会学习？掌握自我导向的学习方法有哪些呢？20 世纪 80 年代起，对“学习环境”的关注成为教育研究领域中的一大焦点。在此之前，人们把大部分精力投入到对教学技术和培训体系的完善方面，以期实现课堂系统的最大效能。随着建构主义学习理论的盛行，学习者对知识的建构成为核心，它重构了人们对学习的理解，尤其是对职业学习的看法，重新点燃了对“学徒制”学习的思考与反思，从而使研究的重心从教学转向了“情境”中的学习。“学习环境”不再只是实现知识与技能最大化

① 上海市教育委员会.上海市中长期教育改革和发展规划纲要(2010—2020 年)[EB/OL].http://www.tvet.org.cn/home/res/h000/h12/attach201110161248160.pdf

传输的物理环境，而变为一个促进学习、形成学习、帮助学生学会学习的"场域"。这就要求每一名教师不仅只是知识的提供者，同时还要能引导整个学习过程。与此同时，学生也必须更独立、更积极，成为学习的主导者。

PISA对学生"素养"(Literacy)的描述正是基于此种学习观，即肯定学习的建构性、社会性和情境性。学校应该为学生提供适应、尝试和解决问题的机会，创建鼓励他们构建知识的学习环境。那么，能够促进学习发生、帮助学生学会学习的学习环境的特征是什么？

4.1 扩展性学习环境的描述框架

"扩展性"(Expansive)这个词在教育领域被应用最早见于恩格姆"扩展性学习"(Expansive Learning)，这一概念。但这里的扩展性是针对组织学习的，在文化层面旨在生成出新的学习形式；在工作层面旨在生成出新的工作活动(Engeström, 2001)。[①]可见，恩格姆的扩展性学习理论关注的是组织的变化，而很少与组织环境产生直接的联系。随后，福勒和昂温在此基础上发展出了"扩展性—限制性"连续体框架，旨在描述和分析促进、生成学习的环境特征。该框架关注的是个体与学习，其目的是鉴别环境及工作条件对整个工作场所的学习机会或障碍造成的影响。本章将借鉴福勒和昂温的"扩展性—限制性"连续体框架的思路，在学校层面分析能够促进学习、生成学习的环境特征，从而对各国职校学习环境质量的评估提供依据。

4.1.1 学习环境的描述框架

在对学习环境进行分析时，一般都会从三个维度进行考察：第一，学习目标；第二，教师与学生之间的关系及各自的角色；第三，学生之间的关系氛围。[②]那么在扩展性学习环境中，这三个维度应该呈现出怎样的特征呢？

4.1.1.1 学习目标

建构主义认为学习不单纯是知识的接受与传输，而是一项个体积极参与、建构

① Engestrom, Y. Expansive learning at work: toward an activity-theoretical reconceptualization[J]. Journal of Education and Work, 2001(Vol.14, no.1): 133-156.

② Adrianus de Kock. New learning and the Classification of Learning Environments in Secondary Education[J].Journal of Review of Educational Research, 2004(Vol.74, no.2): 141-170.

知识、发展能力的个人活动。几乎所有的建构主义者都认为在学校最重要的学习目标就是解决问题、分析问题、进行批判性思考，从而积极、反思性地运用知识并掌握自我调控的技能(De Jong, 1995; Driscoll, 2000)。从此立场出发，学习过程本身就是最重要的学习目标和教育目标(Land & Hannafin, 2000; Simons et al., 2000)。学习过程成为学习目标，服务于学会学习。西蒙指出(Simons,2000)，学习过程要围绕三大学习功能展开：第一，认知性，发挥预备性的学习功能。具体的策略包括寻求旧知与新知间的联系、概括新知与新技能或思考知识与技能的再迁移或进一步的应用；第二，情感性，如寻求挑战、动机与计划的配对，提高自信与学习动力；第三，元认知性，促进学生掌握自我导向的学习方法，如学习时间、顺序与地点的安排，对存在问题与失败的诊断等。扩展性的学习环境应该支持这些学习目标的达成。因为学会学习是学习环境的核心目标。

4.1.1.2 教师与学生的关系及角色

学生对学习的掌控是一步步逐渐由教师移交到学生手中的。在过程导向的教授与学习中，教师的角色是示范或引导过程和技能；监控学生的学习和思考并调控相应的学习活动；为学生提供元认知策略的指导；激发学生对学习进行反思。而学习者的任务则是自我调控。法纳姆·迪戈蕾(Sylvia Farnham · Diggory)把教师与学生关系及角色划分为行为模式(Behavioral Model)、发展模式(Developmental Model)和学徒制模式(Apprenticeship Model)。在知识传输型的传统学习模式下，教师与学生的关系呈现为行为模式，即教师高高在上，他们是知识的灌输者。而建构主义学习观下的现代学习环境则呈现发展模式和学徒制模式的特征，即学生在教师的帮助下发展自己的知识，他们会提问、反驳，甚至挑战老师。美国学者雷切尔·拉萨罗易斯(Rachel Hertz · Lazarowitz, 1992)将师生关系描述为一个学习环境不断发展的连续体，教师不断从中心位置(Centralized)走向边缘位置(Decentralized)，从学习的控制者转变为学习的促进者。

4.1.1.3 学生之间的关系

建构主义学习观源于对学习社会性的本质认识。学习不是一项个体活动而是一项需要多方参与、合作的社会过程。在新型的同伴关系下，合作将取代同伴间的竞争关系。在传统学习环境下，同伴之间大多为孤立和竞争的关系。个人的学习不会影响到他人的学习和团队的学习。然而，在合作学习的背景下，每个人的学习都相互关联。同伴间和谐、融洽且互动紧密的学习环境将进一步促进学习的发生和帮助个体学会学习。

4.1.2 扩展性学习环境的特征

从程度上看,“扩展性”或“限制性”的描述对学习环境所具备的条件与特征给予了性质上的定位。从内容上看,它实际上描述的是在学习环境中,教师与个体之间的互动及其相互影响。从更广泛的角度看,此种互动关系反映的是不同的学习观及学习文化。比如,在扩展性的学习环境中,学习就是一种知识建构的过程,教师与学生的关系是平等的、和谐的;教师充当学习的促进者,而不是知识的灌输者。在这种环境下,学习将会达到一个深层次的境界,即学习者或学生逐渐走向自我主导的学习境界。扩展性学习环境的特征如下。

学习目标:

- 学习是一个知识建构的过程。
- 学习是一个社会性的活动,需要教师与学生的互动和学生的积极参与。
- 学习过程是学习者处理和分享知识和信息的过程。

教师与学生的关系:

- 在教师与学生的交往中,教师与学生的关系是平等的。
- 在教师与学生的交往中,教师与学生的关系是和谐的。
- 在教师与学生的交往中,教师关心和热爱学生。

教师与学生的角色定位:

定位:教师是学习的促进者而不是知识的灌输者。

认知策略方面:

- 教师帮助学生建立旧知识与新知识的联系。
- 教师给予学生充分的思考时间,而不是直接给出答案。
- 教师帮助学生掌握理解、归纳和应用(问题解决)的策略。

元认知方面:

- 教师帮助学生了解自己的认知情况,形成自己的观点、提出批判性的观点。
- 教师帮助学生掌握自我导向的学习方法,如设定目标、监控过程、对清晰性和准确性的控制,等等。

情感性方面:

- 教师向学生提出挑战性的问题。
- 教师给予学生信心,表扬并认同学生的观点等。

表 4.1　扩展性—限制性学习环境

维　度	各项描述	扩展性——→限制性	
学习目标	过程	建构	传输
	内容	知识/技能/态度	知识和技能
	产物	批判性思考能力 创造性思考能力 元认知能力	知识与技能 的复制与传承
师生关系	关系定位	促进者	传授者
	平等程度	和谐、融洽	高高在上
	合作性要求	重视	只重视教师自己的作用
	对沟通程度的期望	鼓励互动、交流	灌输、说教为主
	对于“学习者” 身份的认可	承认且支持	缺乏认可和支持
	关心程度	重视	不重视
教师激励 学生参与	认知策略	重视反思与批判	重视记忆与理解
	元认知策略	重视	不重视
	情感性	重视	不重视

4.2　职校“扩展性”学习环境的差异比较

依据上述“扩展性”学习环境的描述框架，笔者将应用 PISA 2009 数据及其学生问卷相关问题，对 10 个国家(地区)职业学校的学习环境做出比较与评价。比较

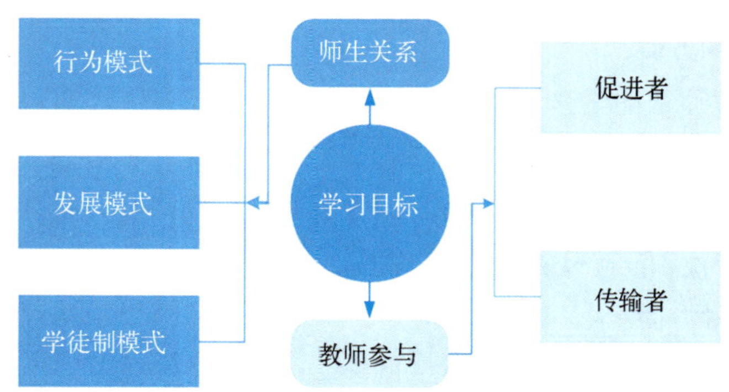

图 4.1　扩展性学习环境描述框架

将聚焦职业学校在课堂层面是否为学生提供了有利于学会学习、促进其掌握自我导向学习技能的条件情况。到底各国(地区)职业学校的学习环境能在多大程度上体现新的学习观,即建构主义的学习观。PISA 2009 学生问卷为我们提供了"师生关系"指数和"教师激励学生参与"指数,这有助于我们对各国(地区)职校的学习环境状况进行综合性的描述。

4.2.1 教师与学生之间的关系

良好的师生关系是创设有利学习环境的关键。研究发现,对于学生而言,尤其是学业水平较低的学生,如果他们与教师相处融洽且觉得教师的确能够帮助他们学习,那么这将促进他们更好地学习(Gamoran, 1993),同时纪律方面的问题也会减少(Crosnoe, Johnson and Elder, 2004)。积极、健康的师生关系对于职业学校的环境建设尤为重要。因为,第一,来自职业学校的学生,情况比较复杂,其中一些人缺乏家庭关爱。有的为单亲家庭或不与父母住在一起,有的是留守学生,大多数是独生子女,很多人是与祖父母、外祖父母居住在一起。[①]从 2009 PISA 测试抽样到的上海职校生的样本情况看,有 5.80%的职校生表示通常在家中不与母亲住在一起,10.20%的表示通常在家中不与父亲住在一起,但表示通常与祖父母、外祖父母住在一起的职校生比例有 42.40%,远远高于非职校生。数据结果与职业学校教师对职校生家庭成员构成情况的判断基本吻合。第二,面对这样一个学生群体,一些职校教师要么对学生漠不关心,尤其是代课教师,认为教育学生、与学生沟通不是任课教师的事情而是班主任的事情。有的教师甚至会对学生爆粗口,伤害他们的

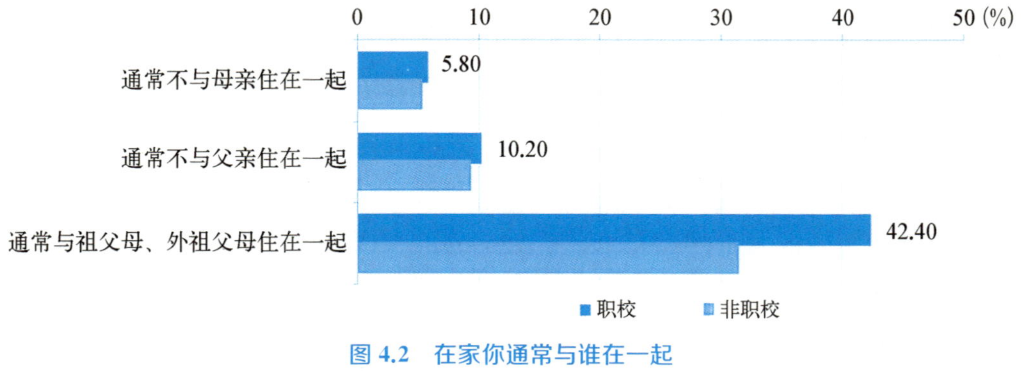

图 4.2　在家你通常与谁在一起

① 刘波.职业学校班主任工作中的几点体会.[J]华章.2011(36).

人格与自尊心，这在一定程度上加剧了职校生的逆反情绪[①]。第三，情感交流的缺失。职业学校的学生往往学习基础较差，很可能在初中就得不到教师的重视。因此他们缺乏自信心，也不习惯与教师积极沟通。所以师生间很容易缺乏情感交流，造成教师不知道学生在想什么，现实生活中遇到了什么困难。

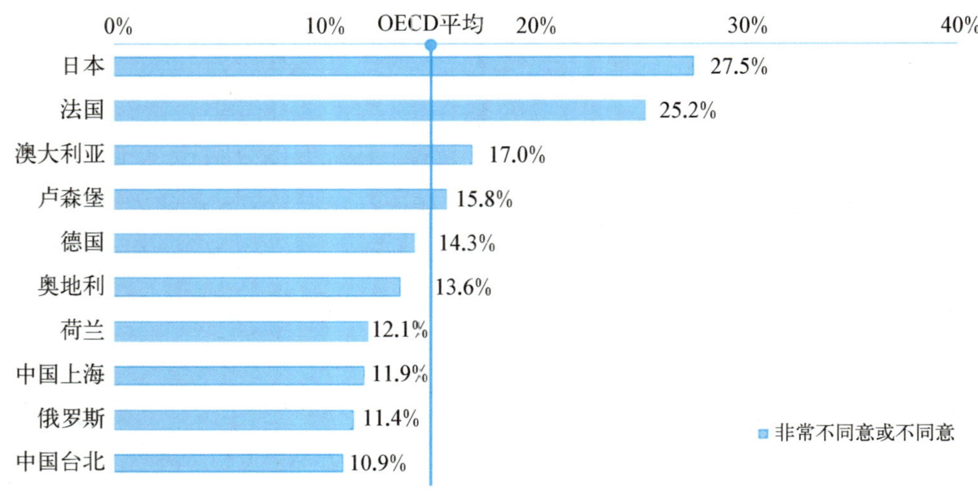

图 4.3 “我和大部分老师相处得很好”（职校生）

PISA 2009 通过学生问卷调查了教师与学生间的关系。问卷从教师对学生的支持、对学生的关心帮助以及师生关系平等性三个方面调查了学生对教师的看法。从总体看，在报告所比较的 10 个国家（地区）中，针对“能与教师相处得好”的说法，日本和法国有超过 25%的职校生选择了“不同意”或“非常不同意”。上海的职校生中有 11.9%选择了“不同意”或“非常不同意”。这说明，在上海，80%以上的职校生都能与教师相处得不错。对这一看法持“非常不同意或不同意”态度的 OECD 平均比例为 15%。日本、法国、澳大利亚和卢森堡都超过了 OECD 平均比例。

4.2.1.1 师生间的平等性

国外的师生关系讲究平等。在许多欧美国家，中小学教师是国家公务员，他们的收入来自纳税人，因此他们的角色更像是公仆。教师在人们心目中的地位并没有被过分神圣化。这与我国传统信奉的“一日为师，终身为父”的道德价值观差距甚远。PISA 2009 学生问卷调查了，从学生角度看，教师是否公平、平等地对待他们的问题。

---

① 邹本义.职业学校如何建立新型师生关系之教师该怎么做[J].职业教育.2012(17).

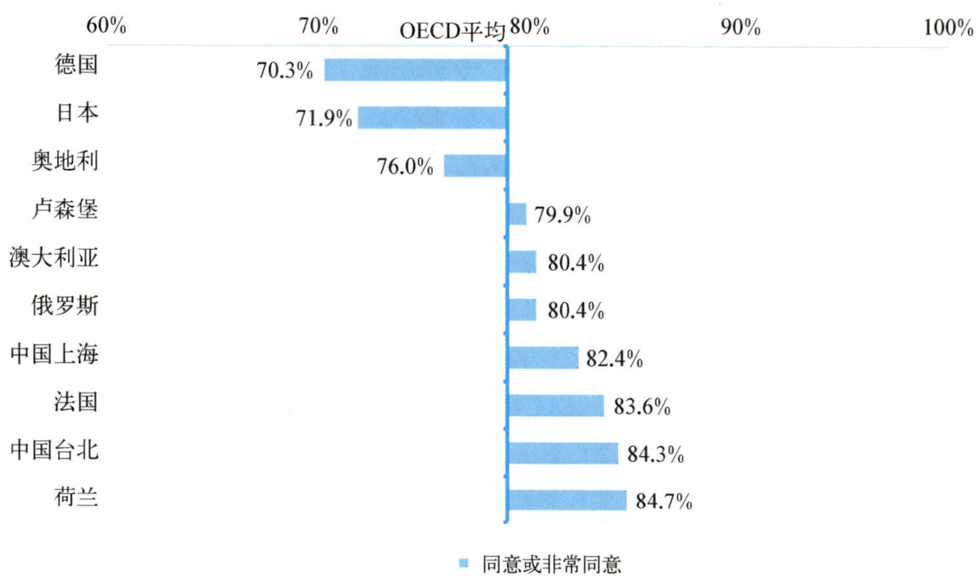

图 4.4 “大部分老师对我很公平”(职校生)

从 PISA 的数据结果看,超过 80%的上海职校生都表示“大部分老师对我很公平”。此数值的 OECD 平均值为 79%。在所比较的 10 个国家(地区)中,只有德国、日本和奥地利低于 OECD 平均值(含职校生与非职校生)。

平等性的另一方面体现为教师是否能认真倾听学生的意见。日本著名教育学者佐藤学教授认为“在促进学习的沟通中”,最重要的是“倾听”关系。而教师在教

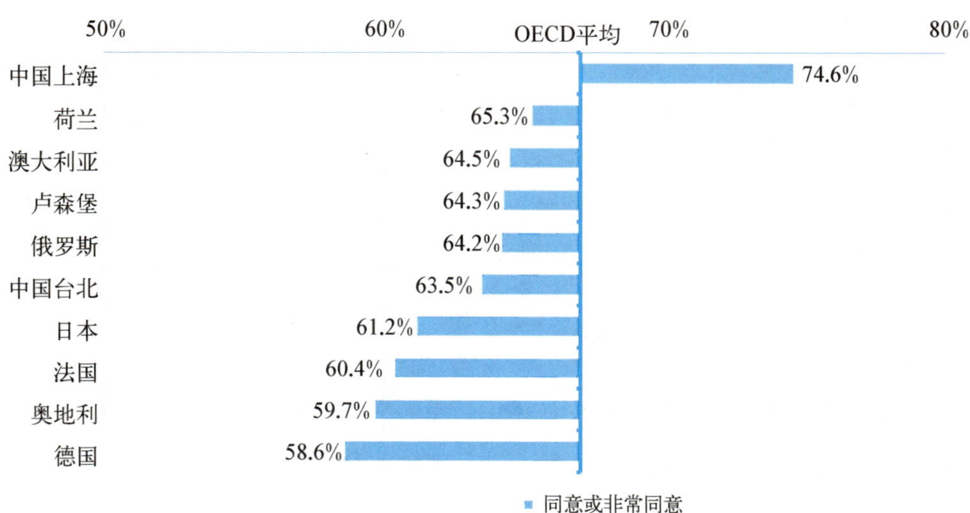

图 4.5 “大部分老师都会认真听我要讲的话”(职校生)

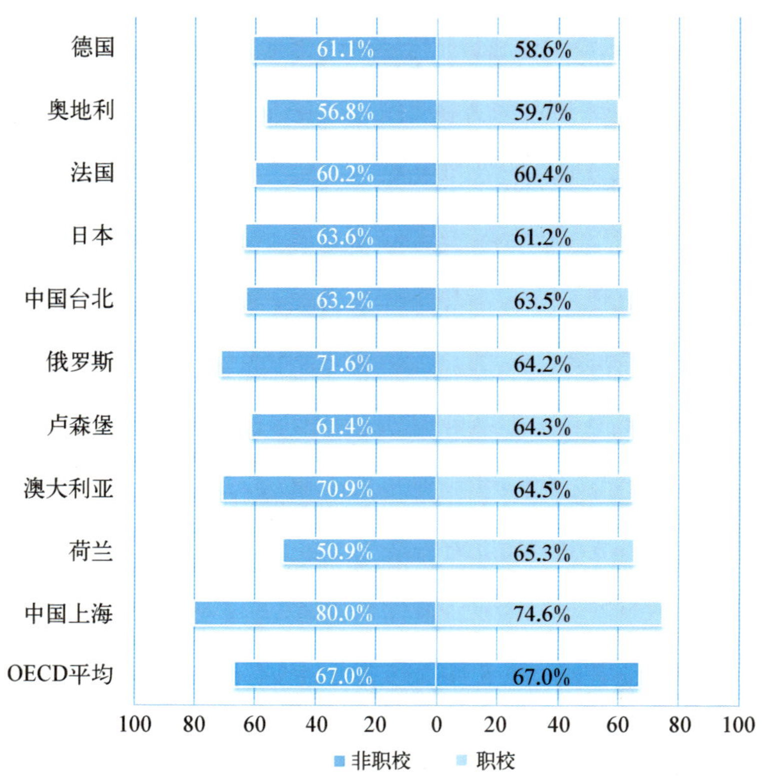

图 4.6 职校生与非职校生“大部分老师都能认真听我讲的话”

学与日常生活中应该掌握“倾听”的方法，构建新型的“倾听”式的关系，才能推动学生变革自我的学习体验。[①]PISA 问卷也对“大部分老师都会认真听我要讲的话”进行了调查。结果却不尽如人意。只有上海的职校生对这一表述持“同意或非常同意”的比例超过 OECD 平均水平(67%)。这说明大部分的上海职校教师都能认真地倾听学生的观点和感受。其他国家(地区)，如德国、奥地利、法国和日本则再一次被证实在师生间对话和交流的平等性、公平性方面做得较差。那是不是在这些国家，只有职校的情况是这样的呢？在普通中小学，非职校生对这一表述的认同度有多少？从国家(地区)角度看，针对这一问题，普通中学的情况和职业学校的情况差不多。甚至在有些国家，如奥地利、卢森堡、荷兰等，职业学校的情况还要略好于普通中学。因此，在这个问题上，学校类型并没有影响学生对师生关系平等性的评价。无论是在普通中学还是职业学校，德国、奥地利和法国的学生对师生关系平等

① 陈晓薇.在初中思品课中构建“倾听”式师生关系.[J].教学月刊(中学版).2008(8).

的评价并不令人满意。而在我们的职校中，情况却并不像文化传统所预期的那样，教师高高在上，讲究师道尊严，师生间距离甚远。相反，教师能公平对待学生、认真倾听他们，更倾向于“朋友式”的师生关系。

4.2.1.2　教师对学生的关爱

前面已分析过，中职生中有一定比例的学生通常不与父亲或母亲住在一起，家庭结构比较复杂。他们大多数是独生子女，很多还是留守学生。因为与祖父母或外祖父母共同住在一起，往往容易被溺爱，逆反心理严重。再加之，中考的失败使他们进入中职学习，往往造成他们自卑心理较强且缺乏自信心。如果教师不在平常的生活中关爱他们，找机会循循善诱，那么教学工作不会得以顺利开展。PISA 2009 学生问卷调查了学生对老师是否关心其生活和成长的看法(见图 4.7)。

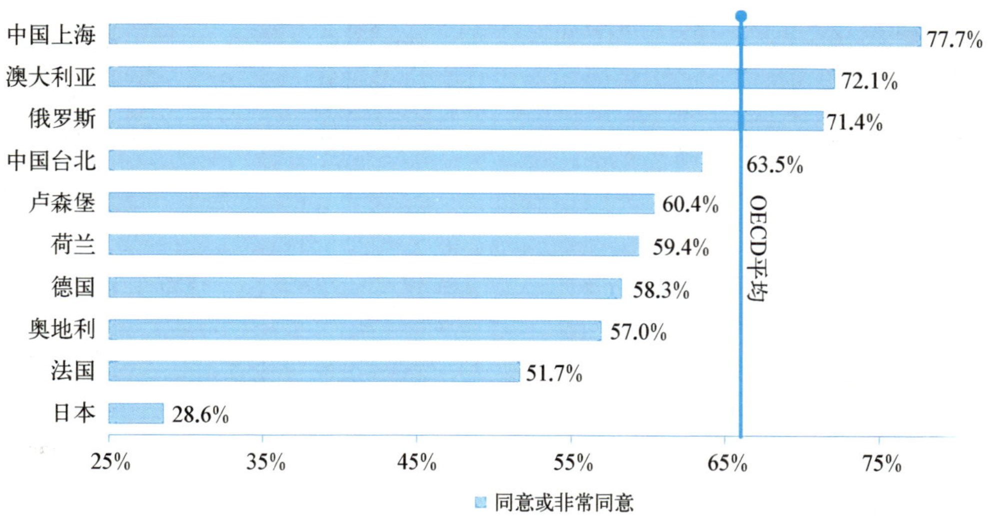

图 4.7　“大部分老师关心我的健康成长”(职校生)

创造师生和谐关系的途径有很多种。有的教师喜欢在课余时间与学生谈心；有的教师喜欢通过书信等方式与学生进行精神上的沟通。从功能上看，教育的作用除了传道、授业还有解惑。这里的“惑”不仅是指学问上的疑惑，还包括生活中的困惑。只有重视生活教育的教师，才能更好地拉近与学生之间的距离。在教师是否关心学生健康成长的问题上，学生在观点上的差异实际上反映了学生对教师期望程度及角色的不同。如果持“同意”或“非常同意”态度的学生比例小，则表明学生的期待与教师实际工作表现之间可能有落差。PISA 数据结果显示，有 77.7%的上海职校生认同大部分教师关心他们的健康成长，这一比例远远超过 OECD 平均水平(66%)。这表明，我们的职校生能够在课堂之外的生活中同样感受到教师的温暖。而在这方面做得不尽如人意的国家是日本，只有 28.6%的职校生对“大部分老师关心我的健康成长”这一说法表示“同意”或“非常同意”。同时结果还显示，在为学生提供“额外帮助”方面，日本职业学校的教师也没有得到大部分学生的认可。只有 62.6%的学生对此表示“同意或非常同意”，这一比例低于 OECD 平均水平(79%)。

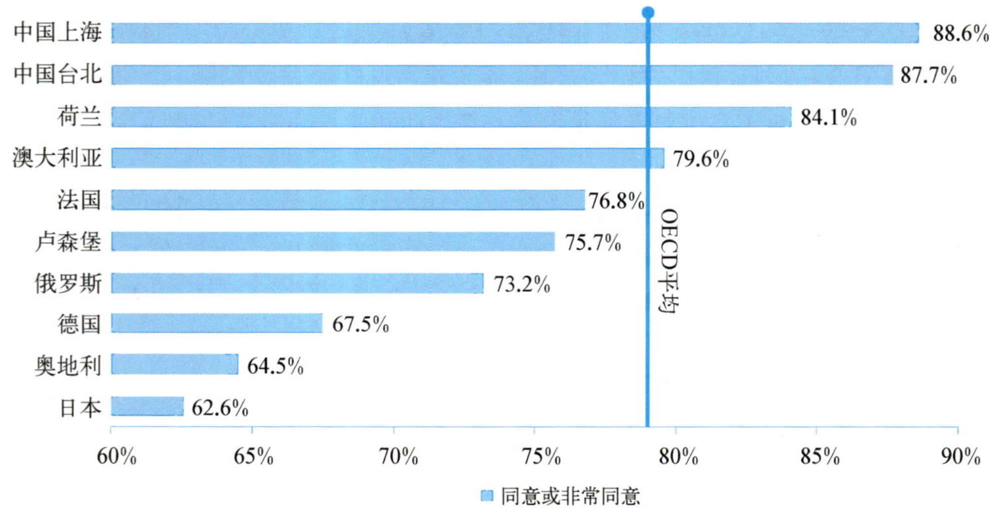

图 4.8 “当我需要额外帮助时，老师就会帮我”(职校生)

4.2.2 师生关系对于学生成绩的影响

根据职校生对上述问题的回答，PISA 构建了“师生关系”(STUDREL)指数，该指数的 OECD 平均值为 0，标准差为 1。该指数越大，师生关系就越融洽。

如图 4.9 所示，上海职校生的 PISA 师生关系指数均值为 0.09，高于 OECD 平均值 0，显著高于所比较的其他国家(地区)。值得注意的是，上海职校与非职校在师生关系指数上存在差距，非职校的师生关系指数为 0.25，可见缩小这两类学校的差距是关键。而在日本、德国和荷兰，无论在职校还是非职校，师生关系指数都远远低于 OECD 平均值。在卢森堡、德国，甚至出现了职校师生关系指数高于非职校的现象。在法国、澳大利亚和日本，师生关系与阅读成绩存在显著的正相关(见图 4.10)。在不考虑其他因素的情况下，师生关系对阅读成绩的解释率分别为法国 8.9%、澳大利亚 6.7%和日本 5%。图 4.11 显示了师生关系指数最低四分之一到

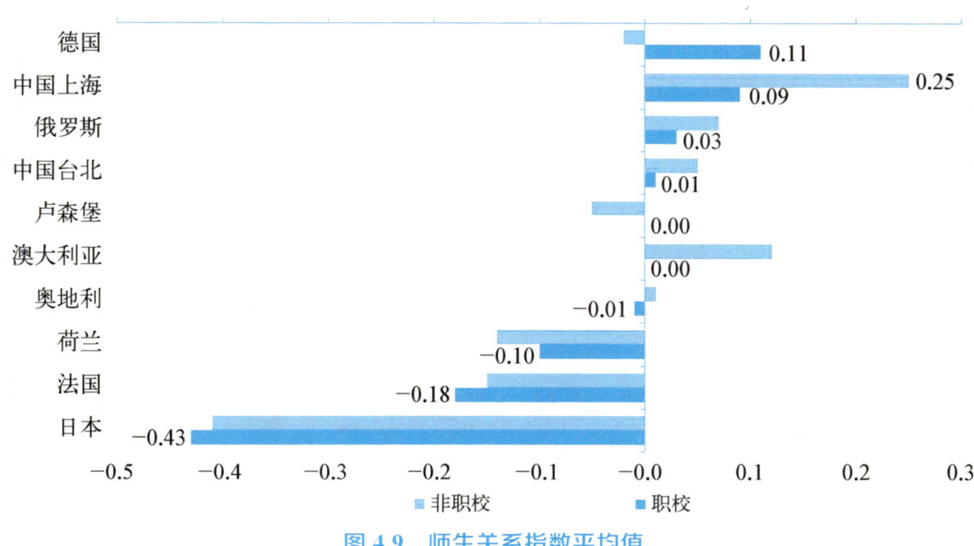

图 4.9　师生关系指数平均值

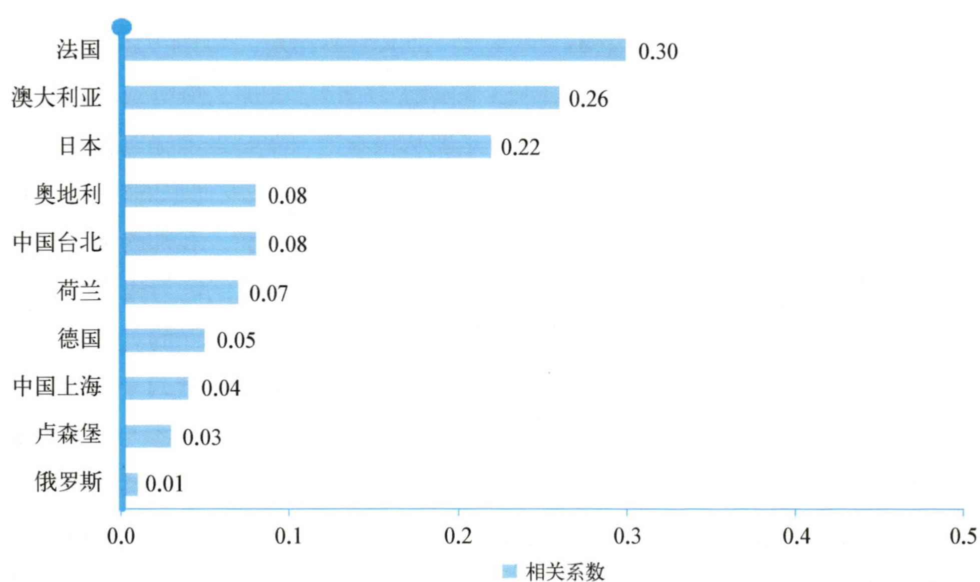

图 4.10　师生关系指数与阅读成绩的相关系数

最高四分之一，职校生阅读成绩波动的情况。

数据显示，如果法国、澳大利亚和日本能够改善师生关系，那么将极大地提高学生阅读成绩。这说明，在这些国家，职业学校的师生关系还有待进一步改善；目前的师生关系已成为制约职校生提升成绩的因素。

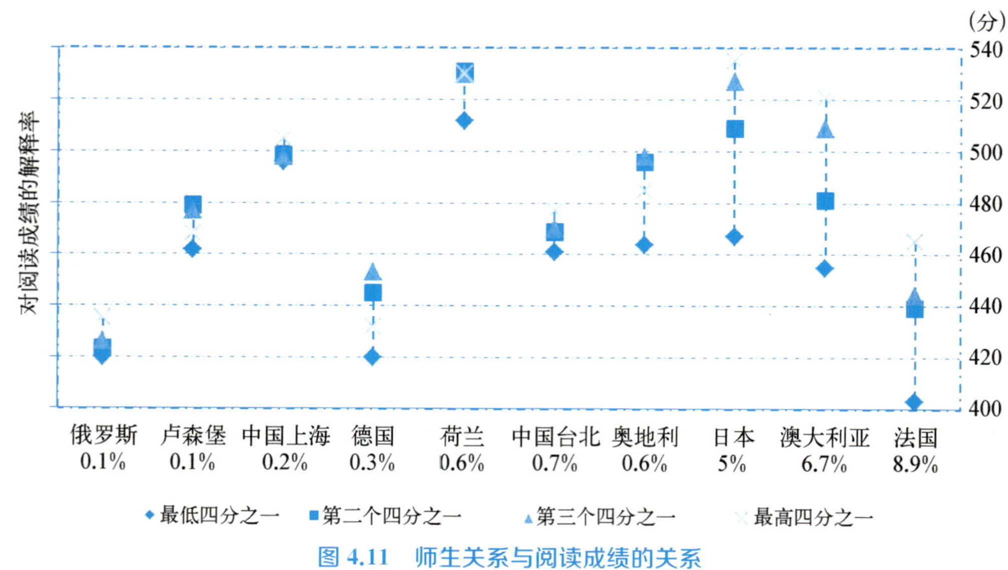

图 4.11　师生关系与阅读成绩的关系

4.2.3　教师激励学生参与

一些职业学校的学生本身就不太热爱学习，学习基础差，学习能力也不太好。如果教师还是采用传统的以“教师为中心”的课堂教学模式，那么填鸭式的教学会让职校生更加厌学。扩展性的学习环境就是要从根本上改变知识灌输的传统教学模式，减少让学生机械记忆、反复操练的做法，取而代之的是激发他们的学习兴趣、引领他们去自主学习、加强教师与学生的互动，促进知识的建构。教师的角色是学生学习的促进者，培养的重心在问题解决而不是事实性知识的记忆与程序性知识的复制。培养的目标是让学生学会批判性的、创造性的思考，对自己的表现进行反思与评价。唯有这样才能使他们获得终身学习的能力，这是当今时代对于每一名教育工作者的诉求。PISA 2009 通过学生问卷调查了在语文课上教师的参与度。根据问卷所设计的题目，我们能够了解在所比较的 10 个国家(地区)中，在语文课上职校教师的参与度和激励学生的状况。教师是否为学生创设了“扩展性”的学习环境，促进知识的建构？是否仍然停留在传统式的课堂环境中，以教师为中心，以死记硬背和重复操练为主？本报告将结合 PISA 问卷所设计的题目，从认知策略、元认知策略和情感性激励三个方面来考察教师为学生所构建的学习环境。

4.2.3.1　教师激励策略的使用及参与情况

4.2.3.1.1　认知策略

掌握认知策略的一个很重要的方面就是教师要教会学生利用自己已有的知识

去认识、消化新的知识,即帮助学生建立旧知识和新知识的联系。PISA 2009 学生问卷对"老师告诉学生,课文中的信息是怎样建立在他们已有的知识基础上"这一做法的频率进行了调查。

数据结果显示,43.2%的上海学生表示老师会在大部分课上或所有课上告诉他们如何把课文中的信息建立在他们已有的知识基础上。这项比例的 OECD 平均值为 43%。在所比较的 10 个国家(地区)中,俄罗斯的该比例高达 71.5%。而在日本、卢森堡、荷兰、德国和奥地利,该比例都低于 OECD 平均值,其中尤以日本为最低(31.0%)。

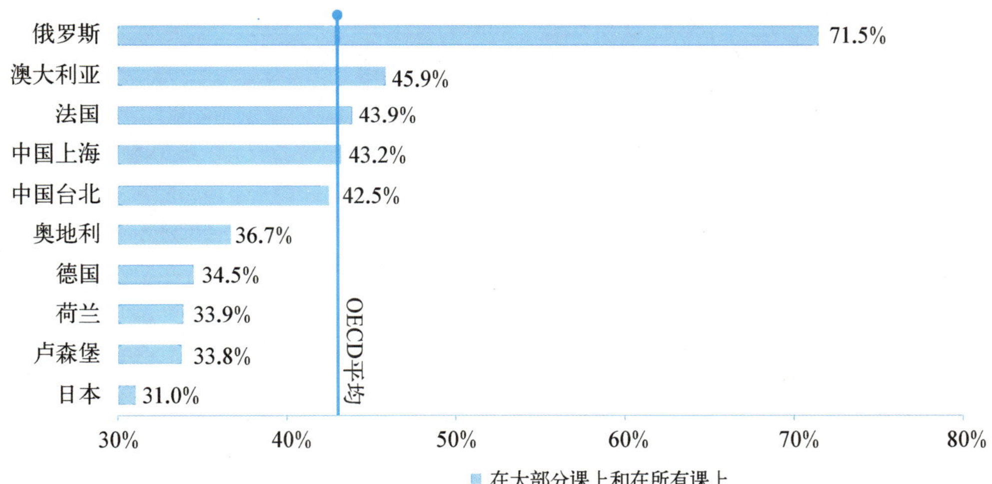

图 4.12 "老师告诉学生怎样把课文中的信息建立在他们已有知识基础上"(职校生)

对知识的实践与应用也是体现认知策略的一个重要的方面。表现的方式包括对新知识的总结、归纳和理解;对知识未来用途的思考,等等。这些都能体现教师是否在教学过程中注意学习细节的掌控,推进学习深度的拓展。在上海职校,64.4% 的学生表示在大部分课上或所有课上教师给予了他们充分的时间进行思考。这一比例略高于 OECD 平均(60%)。而在法国,只有 31.7%的学生表示教师在大部分课上和所有课上给予了他们充足的时间思考。如果教师不给予学生充分的时间思考,而是直接给出答案,这会打断学生的思维过程,阻碍其自我导向学习习惯的养成。此外,要求学生解释课文意思给其他学生听,这不仅是一个个体分享观点的过程,也是一个学会学习的过程。从数据结果看,上海职校教师在这一方面做得非常积极。56.0%的职校生表示教师在大部分课上和所有课上要求他们解释课文的意思。而在中国台北,只有 33.8%的学生表示他们的教师会在课上这么做。

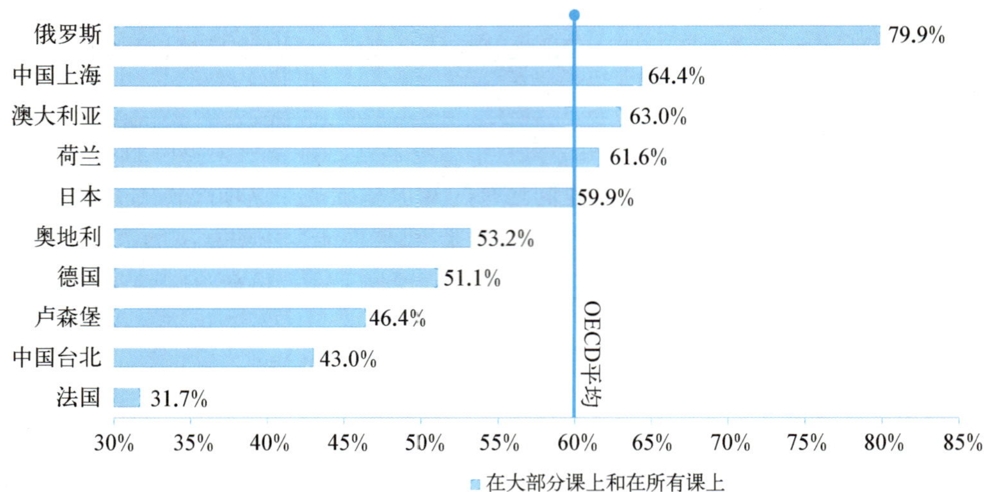

图 4.13 “老师给予学生充分的时间思考”(职校生)

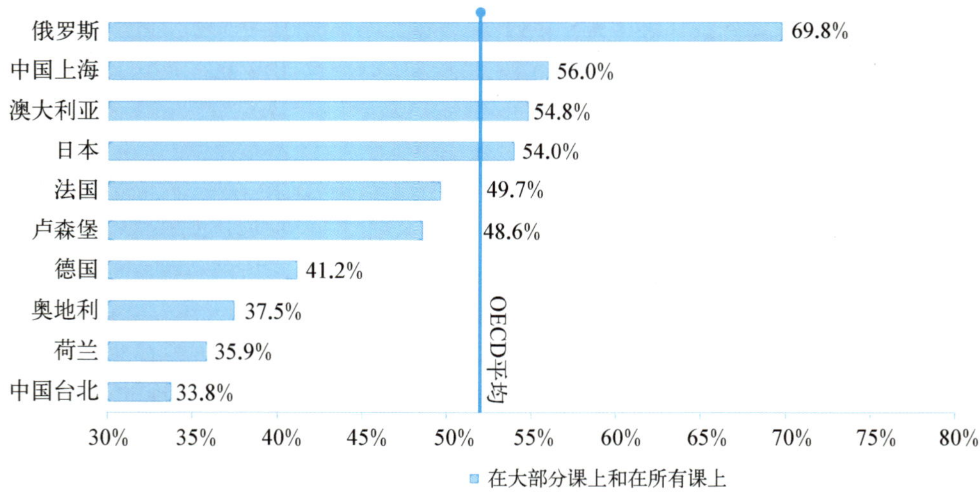

图 4.14 “老师要求学生解释课文的意思”(职校生)

从上面三道涉及认知策略的问题调查来看，上海职校语文教师需要进一步加强引导学生建立已有知识与新知识之间的联系。

4.2.3.1.2　元认知策略

元认知(Metacognitive)是重要的学习目标。学会学习、自我导向学习都依赖于个体的元认知发展水平。元认知知识的获得需要教师帮助学生了解自己的认知情况，形成自己的观点，特别是善于提出批判性的观点和新的视角。PISA 数据结果显示，46.5%的上海职校生表示教师会在大部分课上和所有课上鼓励他们表达对一篇文章的观点。这一比例低于 OECD 平均水平(55%)。与上海非职校相比,百分比差距为 16%。这表明,我们职校的教师应该更多地鼓励学生在课堂上形成自己的观点并且表达出来。构建知识、形成自己的观点是对自我认知的一种积极表现。只有在形成自己观点的基础上,才有可能进一步提出批判性的观点。教师必须要激励学生形成和表达出自己的观点。这也有助于学生自信心的培养和自我意识的塑造。元认知的另一个方面还体现在对自我认知情况的认识。教师应该努力在知识与学生的日常生活之间寻求联系。这有利于激励学生学习的动机,因为书本知识与日常生活相关。教师需要培养学生有意识地挖掘这方面的联系。在这

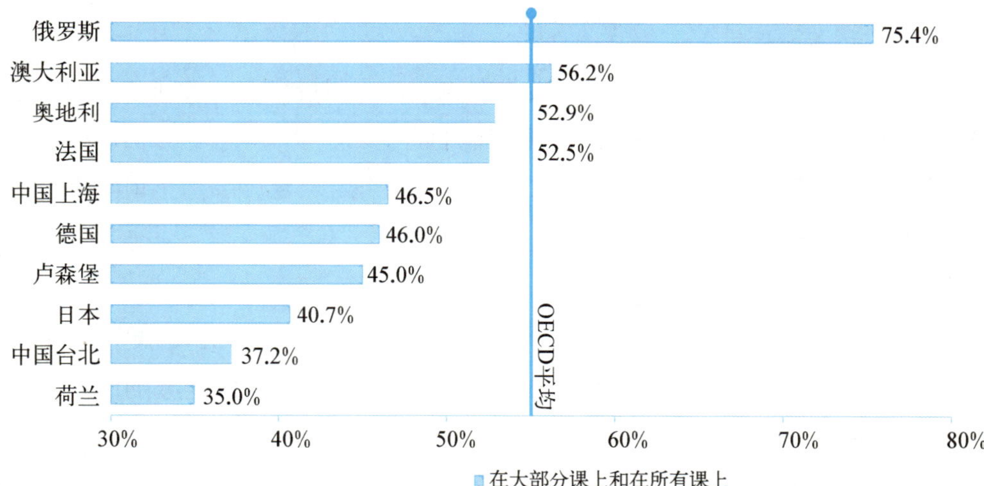

图 4.15 “老师鼓励学生表达对一篇文章的观点”(职校生)

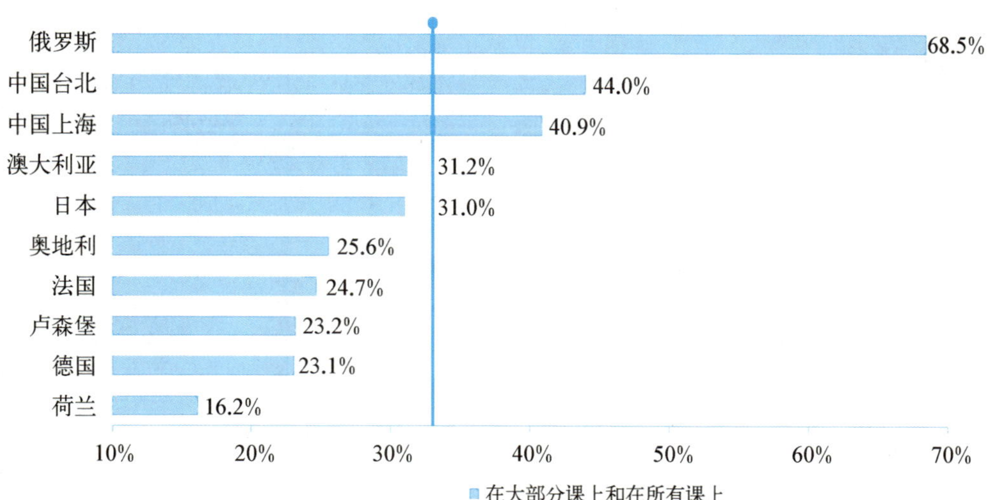

图 4.16 “老师帮助学生将所读的故事与他们的生活相联系”(职校生)

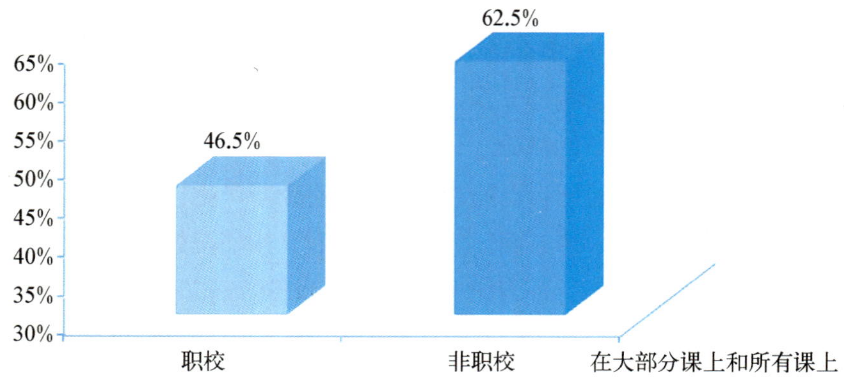

图 4.17 “老师鼓励学生表达对一篇文章的观点”(职校生与非职校生)

一方面,上海职校的教师做得很好。大约有 40.9%的职校生表示教师会在大部分和所有语文课上帮助学生将所读的故事与他们的生活产生联系。这方面做得较差的国家(地区)是荷兰,该比例只有 16.2%。德国、卢森堡、法国等国该项比例也均低于 OECD 平均值(33%)。

4.2.3.1.3 情感性方面

情感性学习的功能是促进学生形成某种倾向或态度,最终把“态度”或“倾向性”迁移到其他情境之中。如,教师通过向学生提出挑战性的问题激励他们去理解未知的事物;表扬并认同学生的观点,从而给予学生信心。情感性学习是教师运用的教学手段,其目的在于激发学生的学习动机和培养他们的自信心。PISA 数据显示,在这一方面上海职校教师的表现需要加强。只有 40.1%的职校生表示

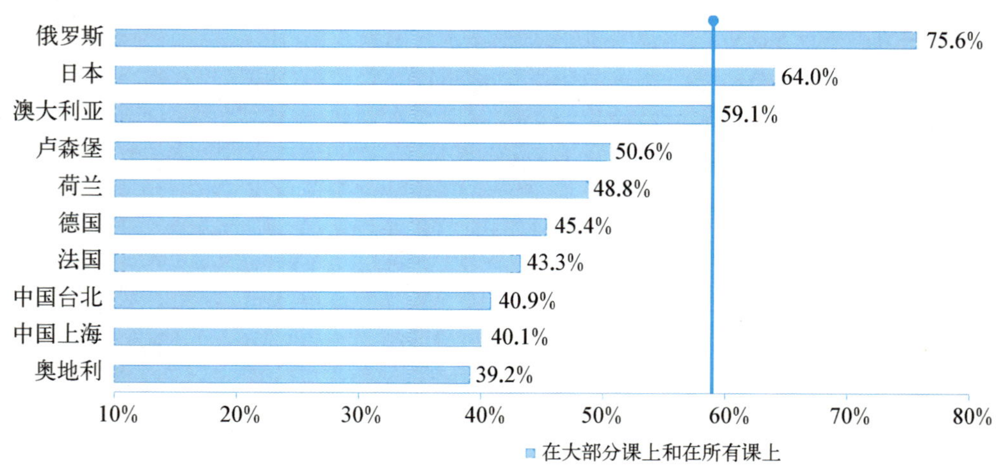

图 4.18 “老师会提出具有挑战性问题”(职校生)

他们的教师会在大部分和所有课上向他们提出挑战性的问题来帮助他们理解课文。与 OECD 平均值(59%)相比，百分比差异达到了 10%。但这并不是职业学校特有的现象。数据显示，上海的非职校这一比例为 49.2%，也低于 OECD 平均值。这说明，首先在向学生提挑战性问题来激励学生方面，职校与非职校的教师存在差距。其次，与 OECD 平均值相比，无论是职校还是非职校的教师在这方面都需要进一步加强。在这一方面，上海职校教师的表现在所有参加比较的 10 个国家(地区)中排名倒数第二。职校教师普遍对职校生在学业上的期望并不高，只要求他们掌握基本的知识，很少向他们提挑战性的问题。而日本和俄罗斯职校的这一比例均明显高于 OECD 平均值。这说明我们的职校教师需要进一步提高学生的学习延展性。

结合数据和上面的分析，我们不难看出，在教师激励学生参与和学习激励方面，上海职校教师的优势在认知策略方面。教师能够灵活运用各种策略帮助学生建立新知与旧知的联系，给予他们充分的思考时间，鼓励他们对课文做出自己的解释并公开表达出来。薄弱的地方体现在：未能有效鼓励学生形成自己的观点和见解；对学生提出挑战性问题不足，从而未能充分激发他们的学习斗志和自信心。

4.2.3.2　教师激励阅读参与指数对学生成绩的影响

根据职校生对上述问题的回答，PISA 构建了“激发阅读参与”指数，描述各国(地区)语文教师在激励学生阅读方面的表现情况。该指数的 OECD 平均值为 0，标准差为 1。该指数越大，表明教师越能激发学生的阅读参与。

上海职校生的 PISA 教师激发学生阅读参与指数均值为 −0.04，低于 OECD 平均值 0。在参与比较的 10 个国家(地区)中，职校教师的激发阅读参与指数均值都低于 OECD 平均值，俄罗斯和澳大利亚例外。特别是俄罗斯，职校教师的激发阅读参与指数均值为 0.91。而在上海，普通中学的教师激发学生阅读参与指数为 0.18，显著高于 OECD 平均值。从相关性分析看，上海职校教师激励阅读参与指数与阅读成绩之间几乎不存在线性相关。同样的情况还出现在了中国台北、德国、奥地利、卢森堡和荷兰。在这些国家(地区)，职校教师的激励阅读参与指数也与阅读成绩几乎不存在关联性。然而，在俄罗斯、法国、澳大利亚和日本，职校教师的激励阅读参与策略却对学生阅读成绩产生了积极的影响并呈显著正相关。

在不考虑其他因素影响的情况下，教师激发学生阅读参与策略对阅读成绩的解释率分别为日本 1.7%、澳大利亚 1.6%、法国 1.3%和俄罗斯 1.1%。图 4.21 显示，教师激发策略与阅读成绩显著相关的国家中，该指数最低四分之一到最高四分之一，职校生阅读成绩变化的情况。其中，日本处于指数最高四分之一与最低四分

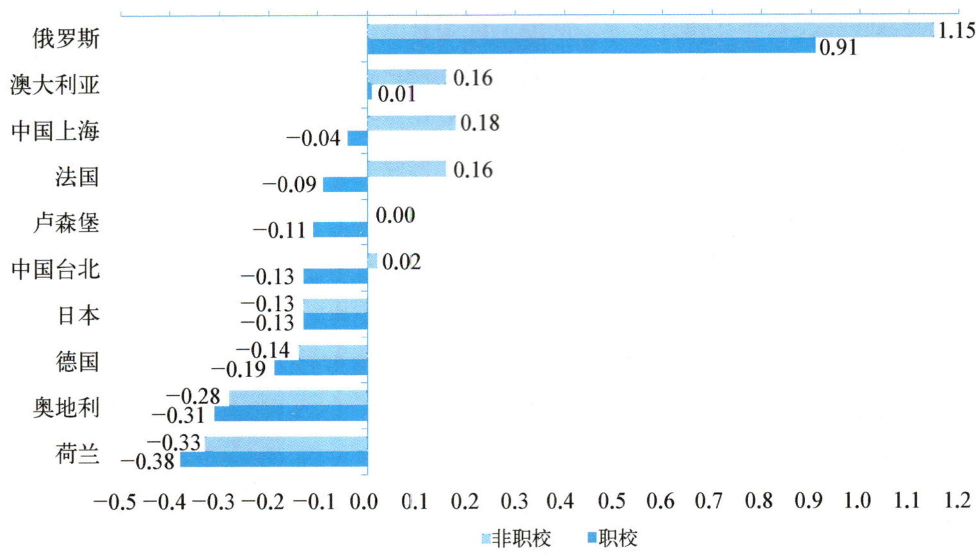

图 4.19　教师激发学生阅读参与指数(职校)

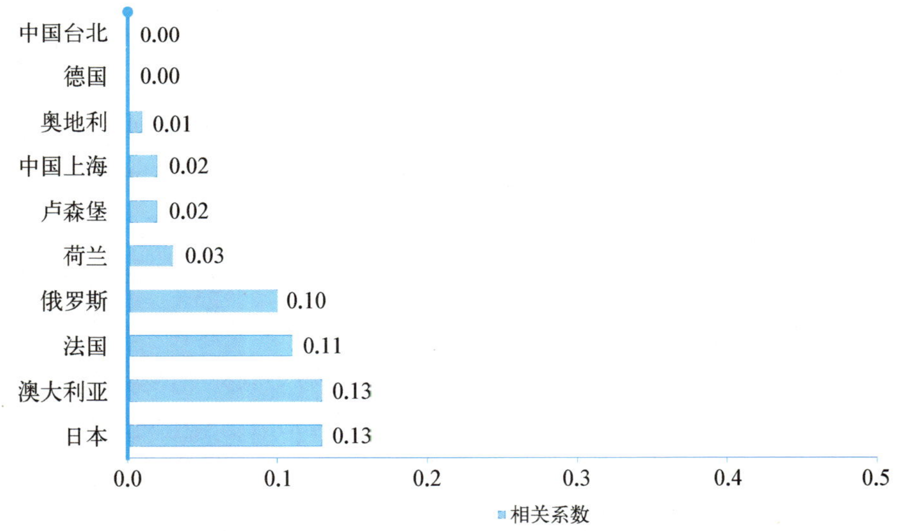

图 4.20　激励阅读参与指数与阅读成绩的相关系数(职校)

之一的职校生阅读成绩差异达到 28 分。在法国,该项差异达 34 分,澳大利亚达 33 分,俄罗斯达 16 分,均达到统计上的显著性水平。这说明,在这些国家,如果改善教师激励学生阅读参与的程度,的确会对阅读成绩产生一定的影响。然而,在上海、卢森堡、荷兰等国家(地区),职校教师激励学生参与阅读策略并未对阅读成绩构成影响。我们需要进一步分析这种现象出现的原因,并且发现能产生积极作用的这些国家(地区),他们的教师在激励学生和参与方面有哪些特征。比如,俄罗斯和澳大利

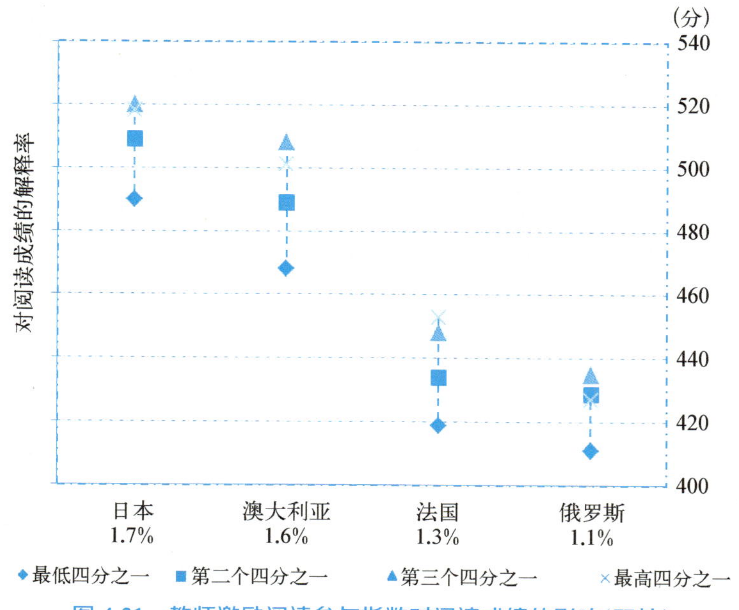

图 4.21　教师激励阅读参与指数对阅读成绩的影响(职校)

亚,这两个国家职校的教师激励学生参与阅读指数本来就显著高于 OECD 平均,并且在学生对教师教学行为频率上的回答看,都显著高于 OECD 和其他所进行比较的国家(地区)。因此,在这两个国家,教师能够通过激励策略,为学生构建良好的知识建构氛围让他们掌握认知策略、元认知策略以及激发他们的学习动机。

本部分对职业学校学习环境的描述分别从师生关系和教师激励学生参与两个维度展开。PISA 2009 构建了师生关系和教师激励学生阅读参与两个指数,以衡量所比较国家(地区)职业学校的学习环境。这两个指数的 OECD 平均值均为 0,标准差为 1。如师生关系指数和教师激励学生参与阅读指数都大于 OECD 平均值,该国家(地区)的职业学校学习环境即可被认为具有扩展性学习环境的特征。在这些国家(地区)的职业学校里,教师与学生的关系平等,能够和谐共处;教师是学生学习的促进者,能够帮助学生学会思考,形成和表达自己的观点,从而让他们养成自我导向的学习策略。这样的学习环境是建构主义学习观的体现。如图 4.22 所示,俄罗斯和澳大利亚是位于此象限的国家。而上海、德国和中国台北位于第二象限,这表明这些国家(地区)的职校师生关系是良好的(大于 OECD 平均),且与学生成绩呈显著的正相关。但教师激励学生阅读参与指数却未对学生语文成绩产生关联并且小于 OECD 平均值。也就是说,这些处于第二象限的国家(地区)的教师激励学生积极阅读的策略并未对学生的语文成绩产生影响。日本和法国的情况是：师生关系和教师激励学生参与都对其职校生的成绩产生影响且具有显著的相关性，但两国职校的师生关系水平和教师激励学生参与水平都不高，明显制约了学生阅读成绩的提高。

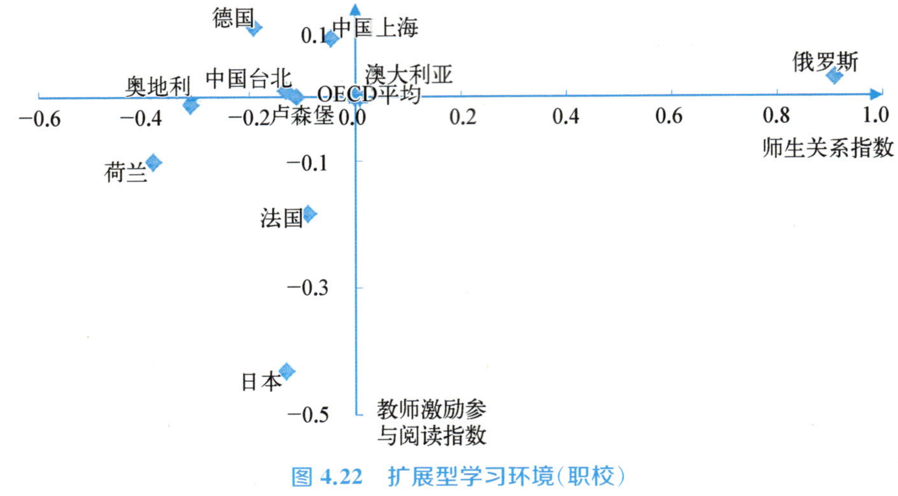

图 4.22　扩展型学习环境（职校）

4.3　学校风气的因素分析与比较

学校风气反映的是一所学校的质量与特征。学校风气源于校园生活，是日常制度规范、人际关系、教学风气、领导风格、组织架构和学校文化与价值观的集中体现。目前许多职业学校并没有把学校风气管理纳入学校全局管理的布局之中，在观念上普遍缺乏对学校风气建设工作的重视。[①]这表现在教师和学生的行为之中。如教师缺乏良好的教风：教师治学不严；工作倦怠，排斥教学上的变革；缺乏与学生的良好互动，无法激发学生的潜能等。学生的不良行为则包括：缺席，学习纪律松懈，上课破坏课堂纪律，课余时间上网打游戏、打牌、谈恋爱，辱骂教师和威胁其他同学。一些职校学生在潜意识里不认同学习的重要性，缺乏学习的动力，在心理上自暴自弃，因此很容易养成不良的生活习惯，如酗酒、抽烟等。可见，职业学校的学风建设存在的问题和面临的挑战要远比普通中学复杂和艰巨。为了了解教师和学生行为在多大程度上对学生学习构成影响，PISA 询问了校长对影响学习的教师行为和学生行为的看法，并由此合成了“影响学校风气的教师行为指数”和“影响学

① 孙桂贤.浅析职业学校学风建设存在的问题及对策.[J].健康必读.2012，12(12).

校风气的学生行为指数”。我们能够借助这两个指数，从学校层面分析所比较国家（地区）的职业学校的学校风气状况及其影响因素，以及其与学生成绩的关联程度。

4.3.1 影响学校风气的教师行为

为了了解教师行为在多大程度上对学校风气构成影响，PISA 询问了校长对影响学习的 7 种教师行为的看法，包括教师对学生期望低、师生关系差、教师缺席、教职工拒绝变革、教师不能满足学生个性化要求、教师对学生过于严厉、没有鼓励学生发挥他们所有的潜能等。与 OECD 平均水平相比，上海职业学校校长对教师的评价并不高。在校长的报告中出现了如下一些值得我们注意的数字：在上海，职校校长认为由于教师没有激发学生潜能而对其学习构成“一定影响”或“很大影响”的比例有 62%，该比例在所比较的国家（地区）中是最高的。而在德国该比例仅为 10%，OECD 平均值为 23%。可见，依据职校校长的经验判断，上海职校教师在激励学生方面做得不尽如人意。上海职校校长认为，由于教师不能满足学生个别化需求而对其构成“一定影响”或“很大影响”的比例有 51%，OECD 平均值为 28%，而在德国该比例仅为 16%。还有 26%的上海职校校长认为，教师过于严厉被学生看作是阻碍学习的因素。而在德国，该项比例仅为 6%。

根据校长对上述问题的回答，PISA 构建了一个“影响学校风气的教师因素”（TEACBEHA）指数。OECD 该指数平均值为 0，标准差为 1。指数值越大，表明校长认为教师的上述行为对学生学习影响越小；相应的，当指数为负值时，则表示校长认为教师上述行为对学习的影响较大。上海职校的该指数为 -0.70，标准误差为 0.14，显著低于 OECD 平均值。但做了进一步的相关性分析后，我们发现上海职校该指数与学生的阅读成绩之间不存在显著的相关。

上海非职校的该指数为 -0.58，在做进一步的相关性分析后也发现与学生阅读成绩之间不存在显著相关。在所比较的 10 个国家（地区）中，除法国数据缺失之外，澳大利亚、日本、奥地利、日本、中国台北和德国的该指数都与职校生的阅读成绩呈显著的相关性。此外，只有德国职校的该指数高于 OECD 平均值。

表 4.2 校长认为教师各类行为因素对学校风气“没有影响”或“影响很小的”百分比

A	教师对学生的期望低
B	师生关系差
C	教师不能满足学生的需求

（续表）

D	教师旷课
E	教职工拒绝变革
F	教师对学生太严厉
G	没有鼓励学生发挥他们所有的潜能

	A	B	C	D	E	F	G
澳大利亚	65%	82%	52%	85%	62%	97%	73%
奥地利	81%	88%	68%	74%	70%	93%	80%
德国	68%	89%	79%	78%	70%	94%	90%
法国	w	w	w	w	w	w	w
日本	71%	86%	69%	97%	61%	78%	64%
卢森堡	94%	91%	68%	87%	81%	93%	77%
荷兰	66%	89%	44%	60%	58%	84%	45%
俄罗斯	54%	67%	79%	82%	73%	62%	86%
中国台北	54%	67%	66%	70%	58%	72%	50%
中国上海	63%	58%	49%	57%	72%	74%	38%
OECD 平均	78%	88%	72%	83%	72%	90%	77%

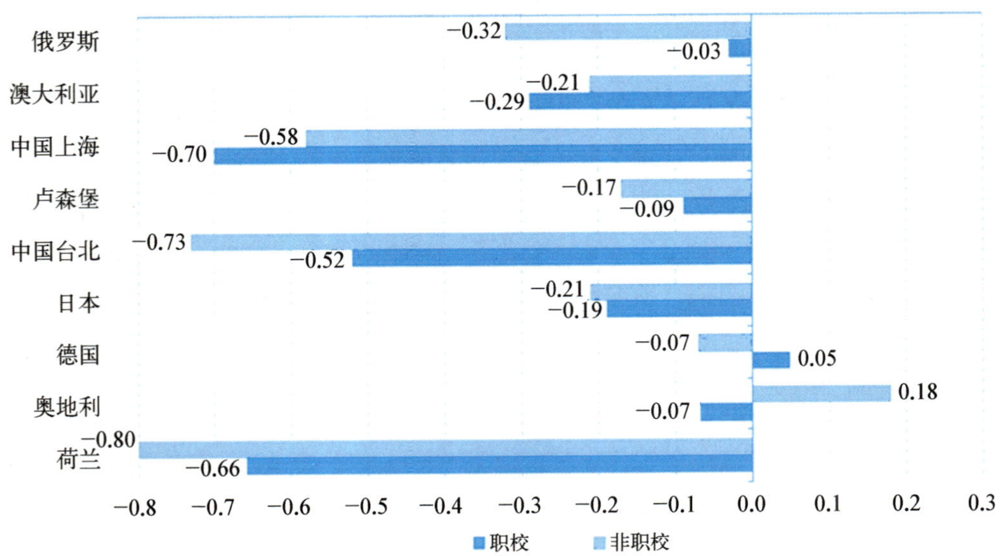

图 4.23 影响学校风气的教师行为指数（职校）

4.3.2 影响学校风气的学生行为

为了了解学生行为在多大程度上对学校风气构成影响，PISA询问了校长对影响学习的六种学生行为的看法，包括学生缺席、破坏课堂、逃课、不尊重教师、喝酒或吸毒、威胁或欺负其他同学等。

与OECD平均值相比，针对学生出勤的情况，校长首先认为"学生缺席"对学校风气构成了不利影响。日本职校的校长对其职校生的评价较好。69%的日本职校校长认为学生缺席对学校风气"没有影响"或"影响很小"。奥地利的该百分比最低，仅为33%，中国上海为43%，均低于OECD平均值。而中国上海非职校的该比例为66%。其次，校长认为"学生逃课"对学校风气的影响进行了报告。在中国上海、俄罗斯和奥地利，该项比例均低于OECD平均值。值得注意的是，在上海非职校中，该项比例为70%；而上海职校中，该比例却为40%。这表明学生逃课问题对于大部分职业学校校长而言是一个需要担忧的因素。虽然与OECD平均值相比，俄罗斯的该项比例也很低(仅为29%)，但是俄罗斯非职校的该项比例为32%。这说明，职校与非职校在这一方面的差距并不大。总的来说，对于上海职校校长而言，学生的出勤是影响学风的重要因素。

在遵守纪律方面，首先看课堂纪律。在上海，50%的职校校长认为"学生破坏课堂"对学校风气"没有影响"或"影响很小"，上海非职校的该项比例为67%。可见，职业校长与非职校校长在这一问题的认识上存在差距。在所比较的10个国家(地区)中，除法国的数据缺失外，德国的该项比例最低，仅为41%，这说明超过一半的德国职校校长认为"学生破坏课堂"对学风构成"一定影响"或"影响很大"。而日本的该项比例最高，92%的职校校长都认为"学生破坏课堂"对学校风气的"影响很小"或"没有影响"。除此之外，PISA还调查了欺负或威胁同学的行为。数据显示，上海职校校长认为"学生欺负或威胁其他学生"的行为对学校风气"影响很小"或"没有影响"的比例为62%。该项百分比低于OECD平均值，且在所比较的国家(地区)中为最低。上海非职校的该项百分比为77%，也低于OECD平均值。可见，学生的欺骗和威胁行为在一定程度上是困扰上海职校校长构建良好学风的重要因素。

在学生个人行为方面，PISA校长问卷报告了校长对"学生不尊重老师"对学校校风的影响状况。上海职校校长认为不尊重教师的行为对学校风气"影响很小"或"没有影响"的比例为46%，而在上海非职校该项比例为69%，均低于OECD平均值。在所比较的国家(地区)中，上海该项比例的数值是最低的。这说明相对于其

表 4.3　校长认为学生各类行为因素对学校风气"没有影响"或"影响很小的"百分比

A	学生缺席
B	学生破坏课堂
C	学生逃课
D	学生不尊重教师
E	学生喝酒或吸毒
F	学生欺负或威胁其他学生

	A	B	C	D	E	F
澳大利亚	45%	65%	63%	74%	96%	77%
奥地利	33%	61%	47%	71%	93%	76%
德国	62%	41%	66%	69%	83%	73%
法国	w	w	w	w	w	w
日本	69%	92%	91%	74%	98%	94%
卢森堡	56%	48%	75%	67%	95%	94%
荷兰	68%	65%	78%	79%	86%	77%
俄罗斯	16%	86%	29%	69%	86%	88%
中国台北	52%	58%	63%	68%	74%	73%
中国上海	43%	50%	40%	46%	47%	62%
OECD 平均	52%	60%	67%	76%	91%	88%

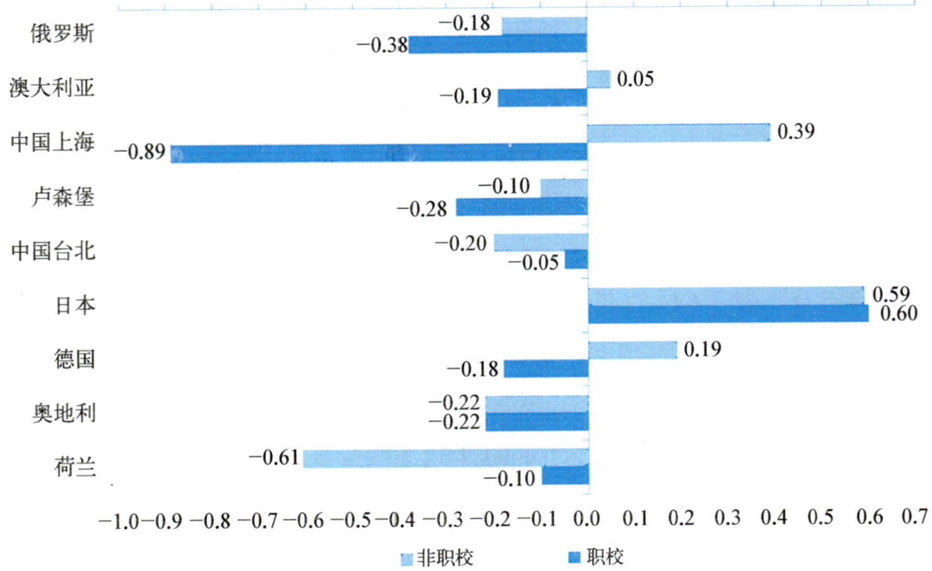

图 4.24　影响学校风气的学生行为指数（职校）

表 4.4　校长认为最影响学校风气的三大因素(按具有"一定影响"或"很大影响"的百分比排序)

A	学生缺席
B	学生破坏课堂
C	学生逃课
D	学生不尊重教师
E	学生喝酒或吸毒
F	学生欺负或威胁其他学生

	第一位	第二位	第三位
澳大利亚	A(55%)	C(37%)	B(35%)
奥地利	A(64%)	C(48%)	B(36%)
德国	B(54%)	A(33%)	C(30%)
法国	W	W	W
日本	A(31%)	D(26%)	C(9%)
卢森堡	B(52%)	A(44%)	D(33%)
荷兰	B(32%)	A(30%)	F(21%)
俄罗斯	A(84%)	C(71%)	D(31%)
中国台北	A(47%)	B(42%)	C(36%)
中国上海	C(60%)	A(57%)	D(54%)
中国上海(非职校)	A(33%)	B(32%)	C(29%)

他国家(地区)的职校校长,上海职校校长认为学生不尊重教师的行为对学校风气建设具有一定影响。值得注意的是,有多达 53%的上海职校校长认为喝酒或吸毒对学生学习和学校风气有"一定影响"或"影响很大",而 OECD 其他国家(地区)平均仅有 9%的校长这样认为,上海非职业学校校长中有 24%的校长这么认为(见表 4.3)。

由表 4.4 可以看出,在所比较的国家(地区)中,学生的出勤(包括缺席和逃课)和破坏课堂的行为是职校校长认为最能影响学校风气的学生行为因素。其次,不尊重教师的行为也是职校校长所担忧的因素之一。在学生缺席和逃课方面,上海的职校要比非职校更严重。所以超过半数的职校校长都认为这两个因素会对学校风气构成一定影响或很大影响。

根据校长对上述问题的回答,PISA 构建了一个"影响学校风气的学生行为因素"(STUDBEHA)指数。OECD 该指数平均值为 0,标准差为 1。指数值越大,表明校长认为学生的上述行为对学校风气影响越小；相应的，当指数为负值时，则表示校长认为学生上述行为对学校风气的影响较大。该判断基于 OECD 平均水平。与 OECD 平均值相比，所比较的国家与地区职业学校的该指数均为负值，日本除外。这说明大部分国家（地区）的职业学校的校长认为，学生的行为对学校风气的影响很大。做进一步的相关性分析后发现，上海职校该指数的平均值为 -0.89，与学生阅读成绩呈微弱的正相关（相关系数为 0.04）。在所比较的国家与地区中，除卢森堡和俄罗斯外，其余国家（地区）的职校该指数都与职校生的阅读成绩具有显著正相关。在德国、澳大利亚、奥地利、日本和澳大利亚，该指数与阅读成绩的相关性很强（见图 4.25）。

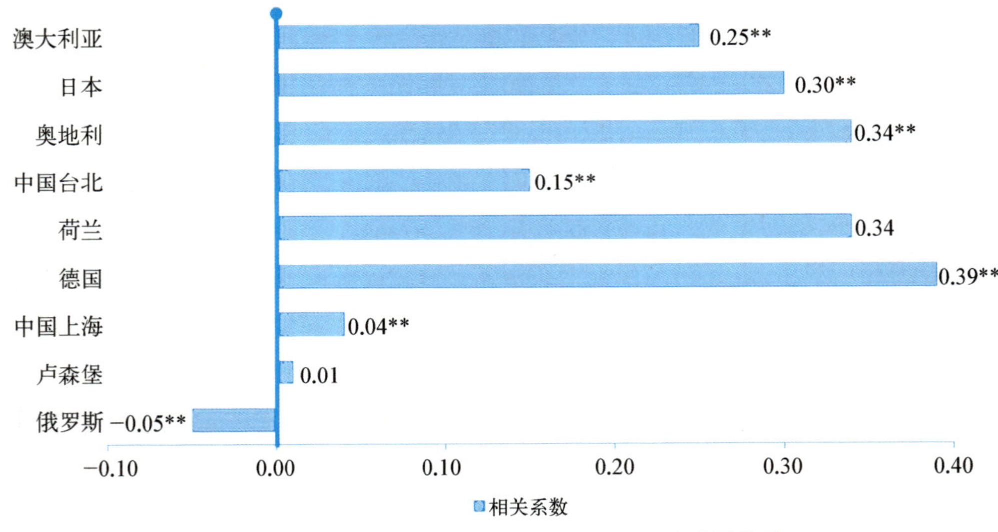

图 4.25　影响学校风气的学生行为指数与阅读成绩的关系

4.4　结语

在上海，学生行为因素与学校风气相关并达到显著性水平。

在上海，师生关系指数与学生阅读成绩相关并达到显著性水平。

在上海，非职校的师生关系指数为 0.25，而职校生的该项指数为 0.09，两者差异显著。

从个别国家看，日本职校的师生关系很差。俄罗斯和澳大利亚职校的课堂体现出扩展性学习环境的特征：教师能够为学生构建良好的知识构建的氛围。在这两个国家,不仅师生关系指数与教师激励学生参与阅读指数均高于 OECD 平均值,而且两者都与阅读成绩显著相关。

在所比较的国家(地区)中,学生的出勤(包括缺席和逃课)和破坏课堂的行为是职业学校校长认为最影响学校风气的学生行为因素。

5. 结论与建议

5.1 构建现代职业教育体系

我们利用 PISA 2009 数据，把“职校生”作为一个群体，对影响其成绩的因素进行多层分析(包括学校和学生层面)后发现，学生家庭社会经济背景指数(ESCS)对阅读和数学成绩的影响并不显著。[①]但如果把上海参加 PISA 2009 测试的 15 岁学生作为一个整体，对影响其成绩的因素进行多层分析后可以发现，学生家庭社会经济背景对成绩差异的解释达到了显著水平。数据分析结果上的不一致再一次证实了“职校生”已被同质化的现实。在多层分析的模型中，ESCS 指数未能对职校生成绩差异做出有力的解释，这本身就说明在家庭社会经济背景方面，包括父母职业地位、受教育水平和家庭财产拥有方面，职校生之间的状况是趋同的，并不存在显著差异。这是因为 ESCS 指数在学生第一次进入教育分流之前已经发挥了重大影响。学生家庭社会经济背景与成绩部分的数据也显示了职校生与非职校生在家庭背景方面的差异。

职校生父亲受教育水平的特征是：接近三分之一的人初中毕业，只有大约 10%接受过本科及以上教育。从学段看，职校生父亲的受教育水平要明显落后于非职校生的父亲。

与职校生的父亲相比，基本上母亲的受教育水平都要低一些。从受教育水平看，大部分国家(地区)的非职校生母亲要明显优于职校生母亲，这种差异尤其体现在接受高等教育的比例上。在上海，有 19.9%的非职校生母亲接受过本科及以上层次的教育，而职校生母亲的该项比例仅为 8.1%。

按学生父母中受教育程度最高的一方进行比较，职校生父母受教育状况要比非职校生的情况差且差异显著。对上海职校生的 HISCED 做平均值比较分析可

① 见附录 I。

以发现，非职校生该数值的平均值为 4.225，职校生该数值的平均值为 3.590，差异显著。

职校生父亲职业的分布情况是：37.5%（超过三分之一）从事简单的体力劳动，集中在社会阶层的第 7 和第 8 层，属下层劳动者；从事白领（高技能）工作的比例不到总体的三分之一（29.6%）。与之形成鲜明对比的是，非职校生父亲从事白领（高技能）工作的比例接近 50%。这在一定程度上体现出职校生的父亲与子女之间的代际复制。

基于以上数据，我们认识到职业教育体系的问题在于，要弱化第一次教育分流后 ESCS 对学生所造成的同质化影响。从 PISA 数据看，在国家范围内职校生及其家庭仍在社会阶层中处于相对劣势的位置。如果以职业作为划分社会阶层的依据，那么在大部分国家（地区），包括上海，职业教育并未能在教育—职业—阶层的社会流动路径中发挥积极的作用。不仅如此，职业教育还在一定程度上固化了原有代际间的职业次序，即父辈的职业类别和与之相对应的社会阶层位置。可见，要弱化职业教育对社会阶层流动的负面影响，就要为职校生提供接受高等教育的机会与途径，打破职校生对应的职业群，并拓展其再学习、再培训的可能性。这本身就是当前学习型社会、终身教育的应有之义。唯有如此，才能提升职业教育的吸引力。

5.1.1 加强职业教育体系的纵向衔接

职业教育体系应该是纵向相互衔接、横向相互沟通、立体、灵活的体系。我国目前的职业教育体系还未能实现体系在纵向的顺畅流动（如中职升高职、高职升本科、专升本考研究生）。目前对于职校生而言，要升学往往困难重重。中职毕业生虽然可以通过高职单招对口升入高等职业院校，但目前的基本政策是限制升学。因此，升入高职的中职毕业生比例有限，目前仅为 5%不到。高职专科毕业生中也只有很少一部分的人可以“升本”，同时这些本科的大部分是普通本科，而不是职业教育体系里的技术本科。

5.1.2 加强职业教育体系的横向沟通

从横向的角度考察我国目前的职业教育体系，可以发现当前的主要矛盾是普职之间存在很大差异，具体体现为职校与非职校生学业成绩差异较大；职校生文化基础差，非职校生劳动观、动手能力差，等等。这一缺陷使目前我国的教育体系难以实现人的全面发展和教育的多元选择。要弱化此种差异，就必须加强普职之间的流动性和融通性。目前，普职之间的流动显示出较明显的单向性。即普通教育向职业教育流动容易，职业教育向普通教育流动困难。换言之，学生一旦选择了职业教育，对其而言，普通教育的大门就几乎被关上了。这显然会影响教育的公平。此外，普通教育体系中未能充分融入职业教育的内容也是问题所在。普通中学缺乏有效的劳动课、生涯探索课程和在欧美国家盛行的工作场所学习课程(WPL)。

综上所述，在纵向上，我们应构建职业教育体系的立交桥，加强中学后职业教育，发展高层次的职业教育(如技术本科院校)；从横向看，我们应借鉴美国、加拿大通过课程渗透来融通普职的方式，加强普职之间的流动。同时，应在基础教育中加强职业启蒙教育，具体方法包括改革劳技教育、开展职业生涯教育等。

5.2 避免过早分流，大力增强学生的终身发展能力

过早分流会对处于“低轨道”的学生的成绩带来负面影响，进而影响整体教育的公平性。PISA 2009 数据显示，职校与非职校生在阅读和数学成绩上的差异显著。尤其是在早分流的国家，如德国、荷兰，这种成绩的差异更加突出。荷兰学生在 12 岁(小学学习结束后)通过鉴定考试被分流到不同性质的学校中。德国的教育体系则更为复杂：在义务教育阶段，学生在 10 岁左右进入定向级，2 年后根据兴趣和能力禀赋被分流到普通中学、中间学校和文法学校；接受完中等教育第一阶段之后，除大部分文法学校的学生继续升入文法中学外，其他学生进入全日制职业学校、专科高中、职业提高学校、职业中学以及专业文法学校接受职业教育与培训。也就是说，德国最早的普职分流始于 12 岁。

在 PISA 阅读成绩方面，德国职校生的分数为 434 分，非职校生的分数为 516 分，差距为 82 分；荷兰职校生与非职校生阅读成绩的差异为 120 分。在 PISA 数学成绩方面，德国职校生的分数为 449 分，非职校生的分数为 531 分，差距为 82 分；荷兰职校生与非职校生的数学成绩的差异为 134 分。

过早分流并不是导致职校生与非职校生成绩差异的唯一因素，但它至少强化或扩大了这两类群体间的差距。过早的定向适应于工业时代初期，对技术工人所进行的企业本位的“专深型”人才培养模式。这方面的典型国家包括德国和日本。但随着产业结构的调整、信息化社会的到来，行业和企业越来越需要通识性人才。这类人才具有宽泛而扎实的基础知识和过硬的通识性技能，如创造力、解决问题的

能力和沟通技能，等等。这就要求劳动者具备扎实的文化基础和适应信息化、全球化时代的公民素养。此外，过早的分流、过早的职业定向还会阻碍个人职业生涯的长期发展，如职业的变动等。这与当下盛行的终身教育思潮相抵触。终身教育倡导个人整合和利用各类教育资源，包括教育体系的各个阶段的各种方式(包括普通教育及职业教育，正规教育及非正规教育)，主张在每一个人需要的时刻以最好的方式提供必要的知识和技能。教育系统应该立足于人的全面发展和终身发展，为个体探索和发展其潜能提供机会与条件，而不是通过分流凌驾于个人之上，代替或强制个人做出抉择。

5.3 加大教育资源对职业教育的倾斜力度

学校间的资源分布是导致学习机会出现不公平的首要潜在因素。对于一个在教育资源上分布均衡的教育体系而言，学校资源的质量及数量不会与其社会经济背景有关联，所有的学校都享有同等的资源。因此，如果学校和学生的社会经济背景与学校资源的数量和质量的关系是正向的，那么就表示处于优势背景的学校能够得到更好的资源。反之，负向关系则说明，处于劣势的学校能够获得更多、更好的资源。如果不构成关联关系，则表示无论学生的社会经济背景如何，处于优势或劣势，教育资源在学校的分布是均衡的。PISA 数据显示，上海的职业教育呈现以下一些特征：

5.3.1 生师比的“低位均衡”

相关分析发现，上海职校的生师比与学校的社会经济背景不存在相关性。这说明在职业教育内部学生 ESCS 的差异不会对生师比构成影响。换句话说，在职业教育体系内部，师资配备是均衡的。但如果对比上海非职校生的生师比，我们会发现，此种“均衡”是低层次的。根据 PISA 2009 数据，上海职业学校总体的生师比水平为 23.3，即平均下来大约 23 名学生配备 1 名教师。而在上海的非职校，平均一名教师只带 12 名学生。这说明我们需要进一步加强教育资源，尤其是师资力量对职业教育的倾斜。

5.3.2 教学资源质量受制于学校社会经济背景

根据对 PISA 2009 数据的二次分析，几乎所有国家(地区)的教学资源质量指数与学校社会经济背景的关系都是正向的且达到显著性水平。也就是说，越是处于优势的学校，就拥有越多的教学资源，并且对教学的阻力会越小。同时也说明越是处于劣势的学校，教学资源越会相对不足，并且对教学会产生越大的阻力。从这一点看，物质方面的教育资源并未向职业教育倾斜。

5.3.3 师资短缺状况受制于学校社会经济背景

PISA 数据显示，在日本、荷兰和中国上海，师资短缺状况与学校社会经济背景不相关。这说明，在这些国家(地区)，职业教育系统内部并未对处于劣势的学校在师资上有较大力度的倾斜。而在其他国家(地区)，如澳大利亚、德国等，师资短缺指数均与学校社会经济背景的关系呈显著正相关。这说明，在上述国家(地区)，学生社经背景越是处于劣势的学校，其师资短缺状况就会越严重。

5.4 推进职业教育均衡发展

5.4.1 缩小城乡间生源质量的差距

PISA 2009 数据显示，在位于中心城区职校上学的职校生，其阅读成绩比在位于郊区城镇和乡镇职校就读的职校生分别高出 15 分和 30 分，数学成绩也比后两者高出分别 22 分和 44 分。

5.4.2 加强对郊区城镇职校的师资投入

在师资供给上，郊区与中心城区间存在差距。根据 PISA 2009 数据，有 37.7%的职校生在位于郊区城镇的学校上学，郊区职校师资短缺指数为 0.78；有 54.1 的职校生在位于中心城区的职业学校上学，中心城区职校师资短缺指数为 0.25。相比之下，位于上海郊区的职校，其师资短缺状况最为严峻，并且与农村和中心城区相比差异显著。

5.4.3 提高民办职校在职业教育体系中的比重

民办职校比例的提高在一定程度上会加大职校所面临的竞争性压力，从而促进公办职校的质量提升。PISA 2009 数据显示，学校属性(公办/民办)与学校竞争性压力呈显著相关；从对职校生成绩的影响看，在民办职校比例大的国家(地区)，公办职校生的成绩反而比民办职校生好，如荷兰和中国台北。在上海 PISA 2009 的抽样样本中，没有一所职校是民办的。

5.5 构建职校和谐师生关系，创建扩展性学习环境

PISA 对学生“素养”(Literacy)的描述是基于建构主义学习观，即肯定学习的建构性、社会性和情境性。学校是否能够为学生提供“扩展性”的学习环境，是落实建构主义学习观的关键。在扩展性的学习环境中，学习就是一种知识建构的过程，教师与学生的关系是平等的、和谐的；教师充当学习的促进者，而不是知识的灌输者。在这种环境下，学习将会达到一个深层次的境界，即学习者或学生逐渐走向自我主导的学习境界。目前，上海职校的课堂在创建“扩展性”学习环境方面还存在如下差距：

5.5.1 需要更为和谐、平等的师生关系

上海职校生的 PISA 师生关系指数均值为 0.09，高于 OECD 平均值 0，显著高于所比较的其他国家(地区)。同时相关分析发现，师生关系指数与职校生的阅读、数学成绩呈显著正相关。但与上海非职校的师生关系指数相比，非职校的师生关系指数为 0.25，两者存在显著差距。可见，缩小这两类学校的差距是关键。

5.5.2 需要更为积极、具有建构性的教学策略

在元认知策略方面，上海职校生与非职校生的差距体现对观点的形成与表达上，两者的百分比差距达到 16%。同时，职校生的该项百分比还低于 OECD 平均水平。在情感性方面，上海职校教师对职校生期望不高，缺乏激励其学习动机的策略。只有 40.1%的上海职校生表示他们的教师会在大部分和所有课上向他们提出挑战性的问题来帮助他们理解课文。与 OECD 平均值(59%)相比，两者的差异超过 10%。这说明我们的职校教师需要进一步提高学生学习的延展性。

5.6 规范职校生日常行为规范，营造积极向上的优良校风

学校风气如何通常是职校生家长在择校时最为担忧的问题之一。PISA 2009 数据显示，影响职校学校风气的学生行为指数与阅读成绩和数学成绩呈显著正相关。目前，上海职校校长对上海职校生的日常行为并不满意。

5.6.1 合理管理职校生在校学习时间，切实加强职校生普通文化课的学习

重视文化课的学习与职校所重视的能力培养并不冲突。知识的掌握与能力的培养本身并非相互排斥的。学术性和职业性是知识与能力不同形态的表征。与普通学校相比，职校的学习并非少讲知识，多锻炼技能，重点在于教师教学法的转变，同样的知识内容以区别于普通学校的教学方式教授，突出其职业性和专业性的特点。长期以来，职业教育瞄准的中低端的技能人才，重视就业技能的培养。殊不知，过早的工作岗位定向只适应于工业时代的生产模式，无法适应变化莫测、充满不确定性的后工业时代的生产力模式，即知识的生产与创新。因此，职业教育需要面向未来劳动力市场，为学生做好适应未来不确定性的能力准备，包括问题解决能力、协作能力和沟通技能等。这些能力的培养不仅要渗透在职业类课程中，还应渗透在普通文化课的学习中。根据 PISA 2012 数据结果显示，上海职校生平均作业时间为每周 6.5 小时，显著低于上海其他类型学校的学生，上海学生平均水平为 13.8 小时。根据 PISA 数据研究发现，每周作业时间控制在 11 小时内，作业时间与数学、阅读和科学成绩之间显著正相关。这说明，职校有必要考虑适度地增加职校生的作业时间和在校学习时间，从而有效和最大化地提升职校生阅读、数学和科学素养。

5.6.2 借鉴 PISA 素养观的评价理念与技术，完善目前对职校生素质和职业学校教学质量的评价

评价的改革要从评价理念入手。本研究最有价值的一点贡献是通过实证的方法和国际比较，重塑了我们对职校生能力的认识并树立对他们的信心。正如教育部副部长鲁昕所说：“我们的职校生可能不是考 600 分的，可能是 300 分、200 分的，但我认为这些孩子并不是失败者。”[①]这一观点在本研究中得到了有力的证实。我们的职校生在作业时间与美国相当的情况下，阅读、数学和科学成绩均比美国学生总体还要优秀。PISA 测试中的“素养”并不是考察学生对所学知识的掌握，而是考察知识在工作和生活中的运用能力。对职校生的文化素养评价应该也是面向生活和工作的能力导向，而非学科知识导向。以数学为例，PISA 数学测试中并未直接考察学生对数学知识的掌握，而是通过学生解决问题的过程来评价他们在真实情境中运用知识的技能和能力，并且这种能力的指向是面向未来生活和工作挑战的。

① 鲁昕.职业教育学生并不是失败者[EB/OL]. http://www.cdjxqx.com/qxwenzhang/30343.html.

因此,对数学知识的考察是通过数学问题的情景化,与生活相联系,关注学生在问题解决过程中工具的使用、信息的检索、数学关系的确立和最后数学结果的解读等。

5.6.3 在国际比较中加大对职校生学习风格和职校教育教学改革的研究

国内职业教育从来都不缺少比较研究的视阀,但往往在对各国职教体系、制度及政策的梳理和比照中丢失了实践层面的各主体活动。在国际比较研究中,文献研究的优势在于能够宏观地描述客观存在的教育体系特征,在解释、对比、归纳中给予定性的评价。然而,停滞于体系层面的描述是抽象和笼统的,因为它无法诊断、监测出体系内部实际运行状况。PISA 测试的重大价值不仅在于把我国学生群体纳入到了可进行国际比较的评价框架中,同时还为我们提供了以基于实证的,关注学生和教师教学等中观层面的对各国职业教育体系进行比照和讨论的数据平台。

5.6.4 给予职校生更多的关爱与支持,提高家校互动质量

与非职校生相比,职校生家庭社会经济背景普遍不占优势。根据 PISA 2012 数据结果的二次研究后发现,与非职校生相比,上海有超过三分之一的职校生父亲是低技能型的蓝领,在参加测试的上海职校生中 37%的学生父亲有高中文凭,但普通高中学生中 60%的父亲都有高中文凭。可见,从职业地位和学历水平来看,上海职校生的家庭社会经济背景要较非职校生不利。然而,上海职校生克服了不利的社会经济背景,取得了良好的 PISA 成绩。位于家庭社会经济背景水平最低四分之一的职校生,其 PISA 2012 的数学成绩达到了 531 分,显著高于 OECD 平均水平。该数据发现从一个侧面提醒教育政策制定者要关爱职校生群体,重视与其家长的互动,例如如何补充家庭教育的不足,如何提高家长对学生的信心,加强他们对职校教育理念的理解等都是值得职校去探讨的问题。

致　谢

初夏。淅沥沥的小雨湿润了我窗前的仙人掌，空气里回旋着淡悠悠的茉莉香。校园里四处可寻穿着学位服，结伴合照的毕业生。又是一年毕业季。借着近期要修改本书稿的契机，勾起了我对过去研究生学习的回忆。

回想当年，我带着迷茫和对未来的不确定进入了博士后学习。细想两年前的我有什么，答案就是热情和那份看起来冒着傻气的坚持。估计如果不是无知者无畏，我也不敢挑战一个对自己而言并不熟悉或者说并不擅长的研究领域。很多人都认为，博士后研究报告应该是博士论文的再延续。但我的博士后研究和博士后期间的工作对过去的我而言，都应该是一种挑战。挑战并不完全是困难的同义词，而更多的是全新的体验。两年来，从 PISA 研究中心到亚洲协会的城际教育联盟，从中国香港、新加坡、尼泊尔再到美国的西雅图，我接触到的同事、朋友和每天发生在我周围的教育事件，完全改变了我过去的生活轨迹和对世界的认知。我很庆幸当初自己所做的决定，推迟就业，毅然选择博士后工作。尽管当时会遭受很多来自外界的压力，但没有什么比享受挑战、战胜挑战、适应变化所带来的快感要更让人振奋的了。很多人抱怨，生活是如此的一成不变和平凡依旧。实际上，你是有选择权的。不要被自己的潜意识和别人对你的判断所禁锢。困难和挑战的背后也许就潜藏着一个全新的、你未曾发现的世界。安吉娜·朱莉在 2013 年 5 月 15 日向公众宣布，为了降低乳腺癌和子宫癌的发病率，她切除了乳腺。她在标题为“My Medical Choice”的文章上留下了这样一段话：

Life comes with many challenges. The ones that should not scare us are the ones we can take on and take control of.

坚持和挑战就是我为自己两年博士后学习所下的注脚。

最后，要借此短文感谢我的合作导师张民选教授。谢谢他带我进入基于实证的比较教育研究方法。谢谢他为我提供探索潜能、发现自我、展现自我的平台。还要特别感谢经济与合作发展组织(OECD)教育与技能司司长安德烈亚斯·施莱歇尔先生一直无私的帮助，他的专业精神和平易近人的品质一直都是行业里的标杆，在不停地激励着从事比较教育的学者们不断进步和提升。

此外，还要感谢给予我工作和生活无私指导和帮助的丁钢教授、教科院 PISA 研究中心的陆璟老师和我的博士生导师石伟平教授。还有协助和鼓励我的博士生葛欣及挚友叶颖博士。

致青春

我就是我，留下不一样的一抹红！

徐瑾劼

2019 年 5 月

参考文献

中文部分：

- 上海 PISA 研究中心(2010).质量与公平——上海 PISA 2009 结果概要[R].上海教育出版社,2010.
- 上海市教育委员会.上海市中长期教育改革和发展规划(2010—2020 年)[EB/OL].http://www.tvet.org.cn/home/res/h000/h12/attach201110161248160.pdf
- 张聪霞."激励"职校生[J].职业教育.2011(11).
- 刘健.职校学困生的成因与对策[J].文教资料,2010(3 月号中旬刊).
- 刘波.职业学校班主任工作中的几点体会.[J]华章.2011(36).
- 邹本义,职业学校如何建立新型师生关系之教师该怎么做[J].职业教育.2012(17).
- 陈晓薇.在初中思品课中构建"倾听"式师生关系.[J].教学月刊(中学).2008(8).
- 孙桂贤.浅析职业学校学风建设存在的问题及对策.[J].健康必读.2012(12).
- 邵爱华等.克服职校数学学业不良生思维障碍的对策探讨[J].职业教育,2011(10).
- 胡文明.在职业情境中开展职校生语文实践活动初探[J].阅读与鉴赏(学术版),2011(10).
- 钱静.经典诵读与中职生人文素养的提升[J].阅读与鉴赏(学术版),2011(10).
- 张欣.职业教育类学生学业不良原因分析[J].国土资源高等职业教育研究,2005(04).
- 杨新等.中等职业学校学业不良群体归因探讨[J].职教通讯,2006(08).
- 刘健.职校学困生的成因与对策[J].文教资料,2010(08).
- 于中伟.中职校留级生现象归因及策略[J].教育教学研究,2011(69).
- 盛祖华.职业学校学习困难学生的不同学习需要研究[J].湖北广播电视大学学报,2011(31).

- 张东,刘淑华.浅谈技校生学习障碍的成因与对策[J].职业,2010(4).
- 蒋华萍.造成中职生学习心理障碍的社会原因浅析与对策[J].教育探索,2009(12).
- 赵学晶.PISA视野下的学生学习能力的评价[J].职教论坛,2011(6).
- (德)劳耐尔,赵志群,吉利(主编).职业能力与职业能力测评[M].清华大学出版社,2010,6.
- 中华人民共和国国家统计局编.2012年中国统计年鉴[M].北京：中国统计出版社,2012.
- 陆学艺.当代中国社会阶层研究报告[M].北京：社会科学文献出版社,2002.

英文部分

- OECD(2010), Strong Performers and Successful Reformers in Education: Lessons from PISA for the United States, Paris: Organization for Economic Co-operation and Development.
- Kathrin Bertschy, M. Alejandra Cattaneo, Stefan C. Wolter. (2009) ‘PISA and the Transition into the Labour Market’. Journal of Labor, Vol 23: 113 - 137.
- OECD (2009). PISA 2009 Assessment Framework: key competencies in reading, mathematics and science, Paris: Organization for Economic Co-operation and Development.
- Engestrom, Y. Expansive learning at work: toward an activity-theoretical reconceptualization[J].Journal of Education and work 2001(Vol.14, no.1): 133 - 156.
- Adrianus de Kock. New learning and the Classification of Learning Environments in Secondary Education[J].Journal of Review of Educational Research, 2004(Vol.74, no - 2): 141 - 170.
- OECD (1999). Measuring student knowledge and skills. A new framework for assessment. Paris: Organization for Economic Co-operation and Development.
- OECD (2009). PISA 2009 Assessment Framework: key competencies in reading, mathematics and science, Paris: Organization for Economic Co-

operation and Development.

- OECD (2010). PISA 2009 Results: What Students Know and Can Do? Student Performance in Reading, Mathematics and Science (Volume I) Paris: Organization for Economic Co-operation and Development.
- OECD (2010). PISA 2009 Results: Overcoming Social Background, EQUITY IN LEARNING OPPORTUNITIES AND OUTCOMES VOLUME II, Paris: Organization for Economic Co-operation and Development.
- OECD (2010). PISA 2009 Results : Learning to Learn, STUDENT ENGAGEMENT, STRATEGIES AND PRACTICES VOLUME III, Paris: Organization for Economic Co-operation and Development.
- OECD (2010). PISA 2009 Results: What Makes a School Successful? RESOURCES, POLICIES AND PRACTICES VOLUME IV, Paris: Organization for Economic Co-operation and Development.
- Kathrin Bertschy, M. Alejandra Cattaneo, Stefan C. Wolter. (2009) 'PISA and the Transition into the Labour Market'. Journal of Labor, Vol 23: 113 - 137.
- Jo Boaler, Dylan Wiliam & Margaret Brown(2000). Students' Experiences of Ability Grouping - disaffection, polarization and the construction of failure. British Educational Research Journal Volume 26, Issue 5.
- James W. Ainsworth and Vincent J. Roscigno 2005). Stratification, School-Work Linkages and Vocational Education [J].Social Forces, Vol. 84, No. 1, pp. 257 - 284.
- Davison M. Mupinga and Kelly Livesay (2004). Consider Vocational-Technical Education for Post-Secondary Education[J].The Clearing House, Vol. 77, No. 6 (Jul. - Aug., 2004), pp. 261 - 263.
- Keith Watson (1994). Technical and Vocational Education in Developing Countries: Western Paradigms and Comparative Methodology [J]. Comparative Education, Vol. 30, No. 2, pp. 85 - 97.
- Bartlett Will(2009).The effectiveness of vocational education in promoting equity and occupational mobility amongst young people [J]. Economic Annals, Vol.54, No.188. 85 - 97.

- Cedefop (2005). Typology of knowledge, skills and competences: clarification of the concept and prototype [R]. Discussion Papers 2348, Institute for the Study of Labor (IZA).
- OECD(2000) School Factors Related to Quality and Equity, Results from PISA 2000(Paris, OECD).
- David Fretwell (2003). A Framework for Evaluating Vocational Education and Training (VET), European Journal of Education, Vol. 38, No. 2, 2003.
- OECD(2010), Strong Performers and Successful Reformers in Education: Lessons from PISA for the United States, Paris: Organization for Economic Co-operation and Development.

附录 I　学生与学校背景变量对成绩影响的多层分析

上海职校生社会经济背景与学校因素(背景与环境)对 PISA 阅读成绩的综合作用				
样　本　量	学生层面	学校层面		
	1 092 人	33 所职校		
多层线性模型	学生阅读成绩的方差			
	学生层面	学校层面		
没有任何解释变量的零模型	3 814.95	535.72		
	学生阅读成绩的剩余方差		模型对于阅读成绩方差的解释率	
	学生层面	学校层面	学生层面	学校层面
学生家庭社会经济背景	3 778.58	536.62	0.96%	
性别	3 528.29	546.62	7.5%	
模型 1 学生家庭社会经济背景组变量(单亲家庭、移民背景、上海话)	3 487.35	547.98	8.6%	
学校社会经济背景	3 484.20	310.19	8.7%	42.1%
学校中的女生比例	3 484.24	243.43	8.7%	54.6%
模型 2 学校背景特征组变量(教师持证比例、胜任教师比例、所处地理位置等)	3 484.47	179.30	8.7%	66.5%
模型 3 学校资源投入和管理水平组变量(生师比、教学资源质量、师资短缺指数、领导力指数)	3 484.17	129.63	8.7%	75.8%
模型 4 学习环境与学校风气组变量	3 474.01	64.38	8.9%	88.0%
模型 5 仅保存具有显著相关的学校、学生背景变量与学习环境和学校风气变量	3 580.45	111.36	6.1%	79.2%

变量每单元的变化相对应的阅读成绩的变化		
	Coefficient	P-value
学生层面特征变量组		
性别(0＝女生 1＝男生)	－34.763 429	0.000
是单亲家庭	14.100 844	0.193
是一代移民	8.843 529	0.303
是二代移民	5.065 323	0.569
在家讲普通话	9.288 012	0.198
ESCS	8.215 604	0.095
学校层面特征变量组		
ESCS_SCH	－1.646 157	0.863
ESCS * ESCS	－3.352 787	0.029
女生比例	0.567 133	0.000
持资格证教师比例	41.436 354	0.572
胜任教师比例	－23.448 651	0.607
生师比	0.295 634	0.198
位于农村	－52.375 616	0.000
位于郊区	－13.729 939	0.085
学校竞争性	12.303 895	0.074
教学资源质量	4.665 942	0.309
师资短缺	8.717 779	0.103
学习环境与学校风气变量组		
学生对学校的态度	－1.256 865	0.821
师生关系(学生层面)	4.084 464	0.264
师生关系(学校层面)	27.144 310	0.157
教师参与	5.506 422	0.026
影响学校风气的教师行为	－15.104 484	0.004
影响学校风气的学生行为	11.015 737	0.024
学校领导力	13.012 075	0.016

附录 II 多层分析（HLM）变量表（中英文对照）

		变 量 名	学生层面	学校层面	是否需要转成学校层面	输入 HLM 中学生层面的变量名	输入 HLM 中学校层面的变量名	说明
学生背景								
	父亲受过高等教育	FISCED	√			FHIGHEDU		
	母亲受过高等教育	MISCED	√			MHIGHEDU		
	父亲是蓝领高技工	FSECATEG	√			FWRKH		
	父亲是蓝领低技工	FSECATEG	√			FWRKL		
	是单亲家庭	FAMSTRUC	√			ISSINGLE		
	是一代移民	IMMIG_new	√			ISTGEN		
	是二代移民	IMMIG_new	√			SECGEN		
	ESCS		√		√	ESCS	ESCS_sch	
	ESCSx2	2ESCS			√	ESCSSQUARE（ESCS * ESCS）	ESCS2sch	
	在家讲普通话	ST19N01	√			PTH		
	是女生	ST04Q01	√			ISFAMLE		

(续表)

		变 量 名	学生层面	学校层面	是否需要转成学校层面	输入 HLM 中学生层面的变量名	输入 HLM 中学校层面的变量名	说明
学校背景								
	在农村(以城市为参照)	SC04N01		√			ISVILLG	
	在郊区(以城市为参照)	SC04N01		√			ISSURB	
	学校竞争性	SC05Q01		√			ISCOMP	
	学校是公办	SC02Q01		√			ISPUB	
	学校男女生比例	PCGIRLS		√			PCGIRLS	
	学校生师比例	STRATIO		√			TCSHORT	
	师资短缺状况	TCSHORT		√			SCMATEDU	
	学校教学资源状况	SCMATEDU		√			LDRSHP	
	学校领导力	LDRSHP		√				
	具有教师资格证的教师比例	PROPCERT		√			PROPCERT	
	具有本科及以上学历的教师比例	PROPQUAL		√			PROPQUAL	

（续表）

		变 量 名	学生层面	学校层面	是否需要转成学校层面	输入 HLM 中学生层面的变量名	输入 HLM 中学校层面的变量名	说明
学习环境和学校风气								
	师生关系指数	STUDREL	√		√	STUDREL	SSTUDREL	
	学生对学校的态度	ATSCHL	√			ATSCHL		
	教师激励学生阅读参与指数	STIMREAD		√			STIMREAD	
	影响学校风气的教师行为因素	TEACBEHA		√			TEACBEHA	
	影响学校风气的学生行为因素	STUDBEHA		√			STUDBEHA	

附录 III　图表单

图书在版编目(CIP)数据

重塑自信：PISA视域下职校生素养的国际比较与测量/ 徐瑾劼著. —上海：上海教育出版社，2018.12
ISBN 978-7-5444-8863-1

Ⅰ.①重… Ⅱ.①徐… Ⅲ.①汉语—口语—语言表达—职业教育—教学参考资料②汉语—写作—职业教育—教学参考资料 Ⅳ.①H193.2②H152.3

中国版本图书馆CIP数据核字(2018)第297724号

责任编辑 张璟雯 邹 楠
封面设计 陈 芸

重塑自信：PISA视域下职校生素养的国际比较与测量
徐瑾劼 著

出版发行 上海教育出版社有限公司
官 网 www.seph.com.cn
地 址 上海永福路123号
邮 编 200031
印 刷 上海展强印刷有限公司
开 本 700×1000 1/16 印张8 插页1
字 数 250千字
版 次 2019年7月第1版
印 次 2019年7月第1次印刷
书 号 ISBN 978-7-5444-8863-1/G·7342
定 价 50.00元

如发现质量问题，读者可向本社调换 电话：021－64377165